修辞知识和运用

刘继超　曹春霞　刘如松　著

商务印书馆国际有限公司
中国·北京

图书在版编目(CIP)数据

修辞知识和运用 / 刘继超,曹春霞,刘如松著. -- 北京 : 商务印书馆国际有限公司, 2020.9(2025.9 重印)

ISBN 978-7-5176-0739-7

Ⅰ. ①修… Ⅱ. ①刘…②曹…③刘… Ⅲ. ①汉语-修辞-通俗读物 Ⅳ. ①H15-49

中国版本图书馆 CIP 数据核字(2020)第 163863 号

XIUCI ZHISHI HE YUNYONG

修辞知识和运用

著　　者	刘继超　曹春霞　刘如松
出版发行	商务印书馆国际有限公司
地　　址	北京市朝阳区吉庆里 14 号楼 佳汇国际中心 A 座 12 层
邮　　编	100020
电　　话	010-65592876(编校部) 010-65598498(市场营销部)
网　　址	www.cpi1993.com
印　　刷	三河市紫恒印装有限公司
开　　本	787mm×1092mm　1/32
字　　数	208 千字
印　　张	10
版　　次	2025 年 9 月第 1 版第 10 次印刷
书　　号	ISBN 978-7-5176-0739-7
定　　价	35.00 元

前　言

劳动创造了人类，也创造了人类的语言。语言出现之日，也是修辞产生之时。人类社会的形成、生产劳动的集体性和社会性，既使语言的产生成为必要，也使对修辞的关注成为必然。

修辞的历史和人类历史一样悠久而漫长。在语言产生之后、文字出现之前这一段相当长的时期里，语言只有口头形式，修辞自然只能以口语为对象。其后，人类最重要的交际工具又拥有了书面形式，修辞也就开始以书面语为对象了。

我国早在先秦时期的《尚书》《诗经》《周易》等多种著作中，就已有不少关于提高语言表达效果的论述。西汉刘向把修辞作用提高到“尊君重身，安国全性”的高度来认识。他在《说苑·善说》中指出，“夫辞者乃所以尊君重身，安国全性者也，故辞不可不修”。20 世纪 80 年代以来，修辞学出现了前所未有的繁荣景象。可以说，汉语修辞源远流长，影响深远。

修辞存在于我们的日常生活和工作当中。人们每天都要说话，有些人还要写些书面上的东西。不管是口头表达，还是书面表达，都有高下之分、优劣之别，都是大有讲究的。运用一定的表达技巧，可以使说出的话或写成的文章充分地发挥语言的作用，恰当地表现说写者的思想情感，达到相互间更好地沟通的目的，这就是我们撰写《修辞知识和运用》的初衷。

在结构上，本书分为七章，不但有修辞总述、词语修辞、句式修辞、辞格的运用，而且还讲了口语修辞、体态语修辞、书面语修辞。读者既可以从词语、句式、辞格等方面了解修辞，掌握一些语言运用的规律，又可以从口语、体态语、书面语等视角观察修辞现象，进一步开阔视野。在第四章“辞格的运用”中，本书就辞格的定义、辞格的特点、辞格的分类、辞格的修辞作用、辞格的辨析等方面进行了阐述，使读者对辞格有一个全方位的把握。

在内容方面，本书力求做到融知识性、科学性、实用性、趣味性于一体，既注意理论体系和深度，又关注实用通俗和趣味。表述试图深入浅出，语言流畅活泼，用例丰富且多取自中国现当代文学作品，用例范围比较广泛，可以使得一些抽象的理论问题易为广大读者所理解，并符合各界人士的需求，如大中学生、中小学教师、语言文字工作者等都可以从中得到一些教益和启迪。

撰写本书时，我们吸收了许多专著和论文的研究成果，虽在书后列出了参考文献，但限于篇幅，未能具体标示，在此谨向先辈和时贤一并表示深深的谢意。感谢常乐博士为本书作出的学术贡献。本书所引用的例句和事例遵照原文，一般不作文字改动。

由于我们水平有限，且时间仓促，本书难免有不足之处，恳切期望广大读者批评指正。

作者

目　录

第一章　修辞总述

第一节　修辞是提高语言表达效果的规律

我们经常听到一些生动形象的话语。比如人们把要消除隔阂、加强团结说成“疙瘩宜解不宜结”，把非要办那些不可能的事说成“硬逼公鸡下蛋”，把只有支出没有收入说成“死水怕勺舀”，把一个身高一米八五的人叫“大个子”，把理想与现实差距较大说成“理想很丰满，现实很骨感”，把肚子饿和饱的状态说成“饿了困，饱了闷”，把鼓励克服困难说成“只要精神不滑坡，办法总比困难多”。类似这样的语句都包含着修辞，都恰当地运用了一定的表达技巧，增强了表达效果。

修辞作为一种优化语辞的言语活动，其实并不神秘，人们每天都在自觉不自觉地进行一些修辞活动，我们时时处处都可以接触到修辞现象。修辞就是提高语言表达效果的规律。说具体一点，修辞就是提高语言表达效果的原则、方法、规律和规则的总和。我们常说的“话有三说，巧说为妙”，这个“巧说”就是修辞。

修辞是一门既古老又年轻的学科。早在《周易·乾》中就有“修辞立其诚，所以居业也”（整句话的意思是，修饰语辞、文辞，必须建立在真诚的原则上，这是使功业可以守之不变的方式）的说法。而全面讲修辞学的，首推陈望道在1932年4月出版的《修辞学发凡》，这本书是我国第一部系统的兼顾古今作品的修辞学著作。

修辞以表达情感为主。为了表达情感，修辞往往描绘的是心理感受，而不是科学角度的认识。例如：

① 从鸦片战争到香港澳门回归，是一场整个世界都敲击着古老中国命运之门的百年大梦。

（苗长水、陈杰《往来香港的军车》）

② 一位诗人说过：我是一只高高飞翔的飞筝，系着我的另一头是亲爱的故乡！

（高建群《好大一棵树》）

③ 人民文学社要我译服尔德，看来看去，觉得风格难以传达，畏缩得很。

（《傅雷家书》）

④ 那里的山非常的一般，既不悬崖，也不峭壁，一脉的祥和慈善，十二分的平易近人。

（季栋梁《鹰》）

⑤ 宁夏定川寨一仗，直杀得昏天黑地，血肉横飞。

（王和声《贬官滕子京》）

⑥ 铁窗和镣铐，坚壁和重门，锁得住自由的身，锁不住革命精神！

（杨沫《坚强的战士》）

如果从科学的角度来观察以上各个例句，就会感到它们都是有问题的。例①“从鸦片战争到香港澳门回归”是一个时间段，怎么能说它是“大梦”？例②的“诗人”是一类人，怎么能说是“一只高高飞翔的飞筝”？例③要翻译的是“服尔德”的作品，而不是他这个人。例④的“山”是没有感情的，不会“祥和慈善”“平易近人”。例⑤唐宋时的“（打）仗”不可能促使“天”变“昏”、“地”变“黑”，“血肉”更不能“飞”起来。例⑥的“精神”也是无法“锁”的。它们都不是科学的判断和分析，这样的语句遵循的是艺术规律，它们将作者的情和意融入句中，是作者情感的表现。这些句子通过比喻、借代、拟人、夸张、拈连等修辞格的运用，提高了语言的表达效果。

一切修辞活动都是以适应语言环境为先决条件的，环境对于我们使用语言有强大的约束力量。有一个笑话，新中国成立前，有个人非常注意对自己孩子的礼仪教育。他给孩子说，见了人就问他“吃了没有”，人会夸你有礼貌、懂事。孩子把老子的话谨记在心。一次，有个人刚从厕所出来，这个孩子赶紧凑上前去这样问了一句。结果这个人大发雷霆，动手打了孩子一顿。这个孩子为什么挨了打？并不是他爸爸说得不对，而是孩子说话没有注意场合。这个场合就是语言环境，简称语境。语境是由一系列影响着人们的言语行为、言语方式及其效果的种种主客观因素所构成的特定的交际环境。

善于适应或者利用语境，是将语言艺术化的奥秘之一。有人把语境比作奇妙的“调色板”，它能调出瑰丽的色彩。语境在使用语言时起着神奇的作用，它对于提高人们听、说、读、写的能力有很大的帮助。

我们在说话写文章时，应该努力适应语境，冲破束缚与限制，积极地、能动地、因势利导地借助环境，利用环境，化消极因素为积极因素，以便顺利地传递信息，艺术地表达思想感情。有这样一个故事：

法国巴黎一条繁华的大街上，站着一个衣衫褴褛、头发斑白、双目失明的老人。他的身旁立着一块木牌，上面写着“我什么也看不见”。这是一个生活没有着落的穷苦人。街上熙熙攘攘，那些打扮入时的少男少女，那些穿着华丽服装的绅士贵妇，看了木牌上的字都无动于衷，只是淡然一笑就走开了。有一天，法国著名诗人让·彼浩勒经过这里，他看了木牌上的字以后，便问老盲人上午的收入情况。老人叹息着说：“我——我什么也没有得到。”脸上显出非常悲伤的神情。诗人听完后拿出笔悄悄地在木牌上的那行字前添上了“春天到了，可是”几个字，然后就匆匆离去了。晚上，诗人又经过这里，他询问老盲人下午的收入情况。老盲人笑着说：“先生，也许是上帝保佑，下午给我钱的人多极了。”诗人听后满意地笑了。

这句话为什么会产生如此大的魔力呢？因为它蕴含了以下的意思：大自然恩赐给人类的春天是如此的美好，谁不想看看呢？可是我这个老盲人却什么也看不见，多么令人同情啊！这个例子也说明说话写作只有与语言环境相适应，才能取得好的表达效果。

不同的场景往往决定不同的话语交际形式，我们在进行修辞时，必须根据一定的语境去选择恰当的修辞方式，做到“对什么人说什么话”“到什么山上唱什么歌”。分析修辞实例时也要根据特定的语境来判别修辞效果，“得其处则皆是也，失其处则皆非也”（董仲舒《春秋繁露·精华》）。例如：“天山上的青松根连着根，各族人民心连心。”这句话出自新疆各族同胞之口是贴切的，若壮族、黎族同胞说出来就不合适了。不懂得语境对语言行为的制约，随意使用语言，就不能达到预期的目的，甚至会适得其反。比如某熟人去世了，劝其家人不要太难过、不要想不开，若说成“拼死吃河豚——犯不着”“老太太找飞机——往远瞧”“人死勿稀奇，心死无药医”等，就令人反感了。

第二节　修辞是对语言的综合运用

修辞是运用语音、词汇、语法提高语言表达效果的手段，它同语言三要素既不是并列关系，也不是从属关系，而是对语言三要素的综合运用。可以说，它们之间的关系复杂而密切。

一、修辞与语音的关系

语音研究的主要是语言的发音构造、发音变化及其规律，同时也会对读音标准进行适当规范。修辞研究语音是从运用语音材料增强表达效果方面着眼的。它研究修辞与语音的关系，研究语音的修辞功能，发掘如何利用民族语言的语音特点来进行修辞的规律，也就是研究如何使语音和谐悦耳、优美动听，以提高话语的表达效果。

汉语的诗歌、唱词、快板等文艺作品都讲究押韵。作为一种修辞手段，押韵主要起谐和声音的作用。在一定时间内有规律地反复使用谐韵的音节，使人感觉出语音的节奏性和音乐美，这样也便于接受和记忆。例如：

> 一个人走路总不自在，心里少了别人的关怀。大家走到一起来，寂寞和孤独不会在。让天空留下一片云彩，蓝天上再不会空白，让时间变得无奈，让欢笑就停在现在。你我走上舞台，唱出心中的爱，迈出青春节拍，为我们的今天喝彩。
>
> （解承强、陈小奇作词《为我们的今天喝彩》）

歌词中的“在、怀、来、彩、白、奈、台、爱、拍”押韵，它们关上联下，就像一根红线，把分散的词句、跳跃的内容、奔腾的感情串联起来，形成一个和谐的整体，以加强结构和形象的完整性，达到传情感人的目的。

其他像平仄、谐音、叠音、拟声、双声、叠韵、字调、语调、重音、停顿、音节、节奏和儿化韵等都可以使语言节奏明快，给人以音律美。不少修辞格也是利用语音条件体现修辞效果的，如双关、对偶、拈连、反复、歇后等。

二、修辞与词汇的关系

词汇研究的是词义、词的构成、词汇的形成、词汇的发展变化及规范化等内容。词汇是语言的建筑材料，但如同颜料不等于绘画一样，词汇也不等于语言。在画家的笔下，颜料化为形象，有了生命，焕发出光彩，同样，在语言大师的笔下，平凡的词汇可以化为绚丽多彩、光怪陆离的客观世界，让作者丰富的思想情感，滔滔不绝地从语言的组合中涌现出来，把我们带进一个奇妙的天地。这就是从筛选、锤炼角度去研究词汇运用的修辞的功效。修辞和词汇的关系极为密切：修辞讲究用词准确、明晰、生动、简洁，因而要从同义词语的选择运用、反义词语的配合运用、词的多义联系以及词语活用等各个方面来研究用词技巧。利用词汇因素构成的辞格很多，如反语、仿词、委婉、对偶、对比、借代、拈连、反复、比喻、歇后等。词语修辞是修辞体系中的重要组成部分，修辞使词汇在语言运用中发挥了重要的作用。例如：

　　一九七八年之后，虽然通水了，但也不是家家都有水龙头，何况那井水冬暖夏凉，又不花钱，那些不能挣钱却很会花钱的阿婆和阿姨们，还是乐意到井边来洗衣、洗菜、淘米。乘此机会每日举行一两次非正式的办公会议，提供和交流各种信息，使这个古老的信息中心不因自来水的冲击而自行倒闭。你别瞧不起这个古老的信息中心，它的常委们都是东胡家巷里的活字典，法院和派出所经常要向她们咨询，当然，她们总是乐于尽义务，从来不收咨询费。

（陆文夫《井》）

这里的“冬”“夏”对举，“暖”“凉”反义，还有“办公会议”“信息”“信息中心”“常委们”“活字典”“咨询”“咨询费”，这一连串词语的运用，显得幽默诙谐，一幅中国南方市井风俗画跃然纸上，字里行间流露着作者对这些善良却麻木、维护旧观念旧道德而自以为正统的阿婆阿姨们的揶揄。词汇运用中诸如此类的修辞现象，都在修辞研究的范围之内。

三、修辞与语法的关系

修辞与语法的关系，吕叔湘先生有很精彩的论述：“我们的衣服，上衣得像个上衣，裤子得像个裤子，帽子得像个帽子。上衣有两个袖子，背心没有袖子，如果只有一个袖子，那就既不是上衣，又不是背心，是个‘四不像’。这可以比喻语法。修辞呢，好比穿衣服。人体有高矮肥瘦，衣服要称身；季节有春夏秋冬，衣服要当令；男女老少，衣服的材料花色不尽相同。总之是各有所宜。修辞就是讲究这个‘各有所宜’。”（《漫谈语法研究》）吕叔湘先生的这一段话形象地论述了修辞和语法的区别和联系。

一般说来，修辞要合乎语法规范，在语法提供的可能性中做选择。例如：

① 猫吃了老鼠。

② 猫把老鼠吃了。

③ 老鼠被猫吃了。

④ 老鼠猫吃了。

四个句子的基本意思相同，但句式不同，表述主体、语气轻重、感情色彩、描绘作用都有差别。

有时为了表达的需要，修辞也允许突破语法规范。通常情况下，量词和名词的搭配是约定俗成的："一头牛"不能说成"一只牛"，"一只狗"不能说成"一口狗"。量词用错了会引起哄堂大笑，但有时突破了常规，反而增强了表达效果。鲁迅在《习惯与改革》一文中有这样一个例子：

⑤ 以后较新的改革，就著著失败，改革一两，反动十斤，例如上述的一年日历上不准注阴历，却来了阴阳合历一百二十年。

"改革"和"反动"一般是不能用度量衡计量的，而上例却说"改革一两，反动十斤"，为的是表明二者的比例关系，给人以极深刻的印象。

语法为修辞提供丰富多样的表现形式。例如，没有语法上的并列句，也就没有修辞的排比、顶真、回文等辞格及语言模式。句式修辞研究的不断加强，说明了修辞在语言运用中扩大了语法的功用。

总而言之，语言三要素为修辞手段的选用、为修辞效果的体现提供了条件，而修辞又在语言综合运用中扩大了语言三要素的功用。

第三节 修辞的作用

一、学习修辞知识可以提高阅读和欣赏水平

大家经常阅读的优秀文艺作品，许多都运用了高度的艺术技巧，其中有大量的修辞现象。运用修辞知识去正确地分析这些修辞现象，对于完整地、准确地理解作品的内容，领略语言艺术，都具有十分重要的意义。例如：

① 怅寥廓，
问苍茫大地，
谁主沉浮？

（毛泽东《沁园春·长沙》）

② 铁臂银锄换新天。

（《铁臂银锄换新天》）

③ 老婆的话酸苦辣俱全。老婆还掉了泪，更是闪光的语言。

（王蒙《说客盈门》）

“寥廓”词典解释为“空阔高远”，为什么在例①中当“宇宙”讲呢？要是不理解这里用了借代的修辞格，是用事物的特征代替本体，就不容易把事理说清楚。因为世界上再没有比

“宇宙”更“空阔高远”的了，用“寥廓”代替“宇宙”，不仅有道理，而且符合规律。例②的“铁臂银锄换新天”，有人不理解，认为“铁臂”不通，应改为“肉臂”；“银锄”太奢侈，宜改为“铁锄”；“天”是不能“换”的，宜改成“挖水沟”。如果这样改下去，就成了“肉臂铁锄挖水沟”，岂不索然无味？例③“闪光的语言”一般是指富有哲理性的名言，用在这里是指酸苦辣的话和伴随而下的眼泪，似乎不符合它的本来含义和适用范围，也不易理解。但如果具备一些修辞知识，就会知道这是一种词语的变异用法，张冠李戴，新颖奇特，颇有俏皮而又含蓄的意味。了解了这些，就更便于我们阅读和欣赏。

二、学习修辞知识可以增强说写能力

我们在表达同一意思时，有不同的表达方式，这时我们就要选取那个效果最好的，用来提高说话水平。写文章也要避免语言枯涩呆板，甚至词不达意，努力提升语言的表达效果。例如抗美援朝时，一个志愿军战士写的一首讽刺诗中有这样两句：

四个鬼子死了一对半，
剩一个蹬了蹬腿也玩儿完。

这两句诗很风趣，用讽刺挖苦嘲笑的方式表达了战争年代我们的战士对敌人蔑视的态度和革命乐观主义精神，话语的表达效果很好。好在哪里？第一，用了“死了”和“玩儿完”两个同义词语，显得富于变化而不呆板；第二，用了计量物品的数量短语“一对半”，突出了对敌人蔑视的感情；第三，两句末尾分别用了“半”和“完”两个押韵的字，声音和谐悦耳。如果把这两句诗改动为：

四个鬼子死了三个，
剩一个蹬了蹬腿也死了。

还是原来的意思，而且是通顺的，但显得平淡，给人留下的印象不深。比较起来，表达效果就差得远了。这就是运用恰当的修辞手段和没有运用它们的差别。

三、学习修辞知识可以提高语言修养和语言美感

现代汉语的同义词语是丰富多彩的，这些同义词语有着这样那样的区别：有的语义轻重不同，有的词义宽窄不同，有的词义对象不同，有的适用范围不同，有的褒贬不同，有的搭配对象不同，有的有口语和书面语之别，有的有普通话和方言之别，还有的有现代语词和古代语词的区别等。有人通过收集整理，发现“看”的同义词语竟然有近300个，并把它们归纳成22类：

① 表示一般的看——瞧、望、视、瞄、相、瞅、睐、瞜。

② 往未来看（多用于抽象意义）——高瞻、远瞩、展

望、高视；高瞻远瞩。

③ 往远处看——望、瞻、瞩、眺、远望、远瞩、远眺、瞭望、远看、瞻望、极目、放眼、纵目、遥望、遥看、弥望；放眼望、遥遥在望、凝眸远望。

④ 向上看——瞻仰、仰望、仰视、举目、举眼、翘望、仰瞩、仰目；抬眼望、举目一望、矫首昂视、翘首仰望、仰目而视、张目仰视。

⑤ 向下看——瞰、俯视、俯瞰、鸟瞰、瞀瞀、深视；低头看、低头瞧、尽收眼底、垂目下视。

⑥ 看到很多或全部——满目、满眼、纵观；一览无余、一目了然、历历在目、尽收眼底、尽收眼帘、大开眼界、开阔视野、目不暇接、琳琅满目、美不胜收、眼花缭乱、触目皆是。

⑦ 回头看——顾、回顾、后顾、反顾、回望、回首、回溯、回视；回头看。

⑧ 看到——见、睹、看到、见到、看见、瞧见、望见；映入眼帘、跃入眼帘、目力所及、目光触及。

⑨向四面看——四顾、环顾、环视、观望、扫视、张望；瞻前顾后、东张西望、左顾右盼、左相右看、四下张望、纵目四望。

⑩ 注意看、仔细看——瞪、瞄、瞩、耽、睹、睽、眇、注视、凝视、注目、瞩目、细看、细瞧、凝望、端详、打量、盯视、直看、直视、瞩望、观察、察看；目不转睛、凝神注视、目光深注、定睛细看、张目注视。

⑪ 亲眼看见——目击、目睹、目视、目送、眼看。

⑫ 偷偷地看——窥、瞧、瞰、偷看、偷觑、窥探、窥测、探视、窥见；暗送秋波、侧目而视、侧目窥察。

⑬ 略略一看——瞟、瞥、望、看着、瞧瞧、扫视、疾视；看一看、瞧一瞧、瞥了一眼、瞭了一眼、匆匆一看、扫了一眼、略见一斑、一目十行、走马观花（走马看花）、一眼瞥见、眼光掠过、匆匆过目。

⑭ 斜着眼睛看——睃、瞟、眺、睐、睇、睨、睥睨、睨视、旁观、旁视、眄视、斜溜、斜视。

⑮ 愤怒或吃惊地看——瞪、瞋、睁、仇视、怒视、瞠目、瞪眼、张目；瞪着眼、怒目而视、怒目圆睁、瞋目而视、横眉冷对、虎视眈眈、众目睽睽。

⑯ 重视——看重、重视、青睐、器重、看上、相中、看中、正视；另眼看待、高看一眼、引人注目。

⑰ 轻视——睇、看轻、轻视、小看、小视、小觑、蔑视、看觑、鄙视、歧视、鄙夷、漠视、忽视、睇睨（睥睨）、藐视、卑视；看不起、瞧不起、看扁了、鄙夷不屑、看不上眼、视而不见、视如敝屣、视若无睹、视同儿戏、司空见惯、等闲视之。

⑱ 看出问题——看出、看透、看破、看穿、识破、洞察、洞烛、察觉、发现、发觉、审视；洞若观火、洞烛其奸、看出破绽。

⑲ 看的对象是文字、图画等——阅、览、看、阅览、阅读、浏览、翻阅、翻看。

⑳ 看文艺节目、风景等——看、观看、观摩、观瞻、观赏。

㉑ 看望亲友——看望、拜望、探望、省视。

㉒ 古文中朝见圣地或君王所用敬辞——朝见、晋见、觐见、拜谒、瞻仰。

以上分类并不一定很合理，如“司空见惯”归为“轻视”就不那么妥当，而且以上列举也有遗漏，如“刮目相看”可以归入“重视”类，但由此可以看到汉语词汇的丰富多彩。我们只有加强语言修养，提高语言的审美水平，才能加深对这些词语的理解，提高识别能力，从而准确灵活地运用。

怎样的语言才算美？唯美主义者往往只根据语言材料来决定，把辞藻华丽、用语花哨当作美。冯梦龙《古今谭概》说，有一位诗人写了这样一首诗：

一个孤僧独自归，
关门闭户掩柴扉。
半夜三更子时分，
杜鹃谢豹子规啼。

作者肯定认为自己这首诗是美的，但在其他人看来，句句重复，实在啰唆，并不美。

我们应当大力提倡礼貌用语，进一步摒弃不礼貌、不道德的语言。如果有人开口就是“端饭的”“教书匠”“煤黑子”“泥腿子”“老东西”，就会严重影响人和人之间的友好关系。语言美是社会文明的标志，它是人与人之间友好、团结、互助的新型关系的表现，有利于人们的身心健康，有利于社会进步。

第二章　词语修辞

一个人说的话或写的文章都是由词语组成的，而说话或写文章，都是为了反映某种客观事物、阐明某个道理、表达某种思想感情的。能否得心应手地表情达意，跟词语运用得是否准确、是否生动密切相关。南朝梁刘勰在《文心雕龙·章句》里这样讲过："夫人之立言，因字而生句，积句而成章，积章而成篇。篇之彪炳，章无疵也，章之明靡，句无玷也，句之清英，字不妄也。"刘勰将"字"看成立言之本，是构成一篇文章的基础，直接影响到句、章、篇，关涉到表达效果的优劣。明朝费经虞在《雅伦·合论》中引《诗法指南》曰："句之精透，字无失也。发挥意旨在句，而点缀精神在字。至于用字造句，使之灿然成章，则又在乎意匠之经营耳。"现代伟大作家茅盾在《大题小解》中也说："从事写作的首要条件当然是善于用字。思想、情绪、形象，都要靠确当的字来表达和描写，用错了字，便会'辞不达意'，乃至与本意相反……所谓'炼字'这一层功夫实在永无止境，而与一个作家的写作活动相终始的。"（以上的"字"，从语言学角度讲都是"词"。）

汉语的语汇非常丰富，同一个意思，可以用不同的词来表达，而同一个词又可以表达不同的意思；同一个词，可以用它固有的意义，又可以赋予它临时意义。然而表现某一种思想感情，描绘某一个事物，可供选择的词语再多，在特定的语言环境中，也只有一个词是最准确、最恰当的。正如俄国大文豪列夫·托尔斯泰在《什么是艺术》中所说的："诗人找到唯一需要的词儿的唯一需要的安排方式"，"才可能感染人"。所谓"找到"就是选用，就是词语的选择、加工和锤炼。有人曾经对几百篇同一作品的手稿和完成稿、初版和修改版的修改情况进行过调查、分析，统计表明，与词语有关的修改占70%左右，与句子有关的修改占20%上下，与修辞格有关的修改大约占10%。当然这些比例不是绝对的，它们可能因作家、作品、语体和风格的不同而不同。但是，总的来说，词语修辞所占的比例都是最大的。

词语选择的一般要求是：准确、鲜明、生动、简练。所谓准确，就是词语的意义切合人物的思想感情，切合被描述的客观实际。鲁迅在《藤野先生》中有一段这样的原文：

①经过的年月一多，话更无从说起，所以虽然有时想写信，却又不能动笔。

鲁迅是著名作家，写作能力很强，怎么可能"不能动笔"呢？实际情况是，他想写信却又不知从哪里说起，心情很复杂。因此定稿时调整为"难以下笔"，恰如其分地反映了他当时的心情，用词非常准确。

准确虽属修辞的最低要求，却可以通向语言艺术的最高境界。许多被誉为一字千金的妙语佳句，正是在准确、恰当方面达到了毫厘不爽、精当至极的高度，因而成了修辞的成功典范。例如：

② 中国是世界上历史最悠久的国家之一。

（《中华人民共和国宪法》）

使用“最……之一”的格式，用了“最”才体现出中华民族的自尊和自豪，用了“之一”，才表现出中国的平易谦虚、彬彬有礼和大国风范。用语呼应配合，极有分寸，真是一字不可易之佳句。这是一个书面语的句子，严谨庄重，非常切合国家根本大法之表达的需要。

所谓鲜明，就是词语能明确地表现人物的立场、观点和态度，意思毫不含糊。例如：

③ 她美丽、端庄、朴实；她温柔、沉静、落落大方。她那双明媚的眼睛并不特别大，盖着长长的、微翘的睫毛，抬起来亮晶晶，低下去静幽幽。她说话慢慢的，脸上总是带着善良的微笑。

（叶蔚林《蓝蓝的木兰溪》）

上例中的“美丽”“端庄”“朴实”“温柔”“沉静”“落落大方”“明媚”“亮晶晶”“静幽幽”“善良”都是褒义词，充分表现了作者对“她”的赞誉之情，增强了语言的鲜明性。

所谓生动，就是词语具体形象，新鲜活泼，能够吸引人、打动人。例如：

④ 在阴黑的天穹下，她摇着一叶小船，飘荡在白茫茫的波浪滔天的海上。

（杨沫《青春之歌》）

例④中的“叶”逼真形象，它可以使人联想到水上漂流的一片树叶，感觉船是那样小，又是那样飘荡摇摆，非常贴切，使读者如临其境，成了点睛传神之笔。

修辞要求在语言准确通顺的基础上达到新的高度，即语言生动。有时要突破固有的思维模式，创造出新颖别致的语境，使语言表达生动、形象、逼真。据说，有两个画家以“安静”为题各画了一幅画。第一个画家画了一面湖，湖面平静如镜，没有一丝波纹；另外一个画家画了山间一条瀑布，飞瀑前的树上，几只小鸟正在巢中睡觉。第一幅画反映的内容是切题的、准确的，然而构思太过一般化、表面化了。第二幅画的作者真正理解了“安静”的含义，通过奇特的构思，以动写静，动中有静，反而给人以更静谧的感受。通过小鸟与瀑布的对比衬托，传达出一种超然的人生态度：不为环境所左右，在任何情况下都能独处自安。这种艺术感染力是不言而喻的。绘画如此，语言表达也是这样的。

所谓简练，就是用少量的词语表达丰富的内容，做到言简意赅。废话、空话、套话，是语言表达的大忌。它们浪费了自己和别人的时间，冲淡了真正需要表达的内容，容易使人生厌。鲁迅先生曾经说过：“写完后至少看两遍，竭力将可有可无的字、句、段删去，毫不可惜。”（《答北斗杂志社问》）

唐宋八大家之一的欧阳修，任安徽滁州太守时，常在城西南的琅玡山与鸿儒雅士相聚。半山腰的酿泉上，有一座亭子，欧阳修上山，总要在亭子里与众儒生把酒言欢，不醉不归。天长日久，他干脆将该亭称作“醉翁亭”，并撰写了题为《醉翁亭记》的散文。文章开篇是：“滁州四面皆山也。东有乌龙山，西有大丰山，南有花山，北有白米山，其西南诸峰，林壑尤美。”文章初稿完成后，欧阳修念给当地的百姓听。一位老叟听完说道：“滁州四面的山名没必要写出来，这样太啰唆了。文章接下去的‘其西南诸峰’没具体写出峰名，不是挺好吗?”欧阳修连连点头，再三向老叟表示致谢。他斟酌了一番，便提笔把开篇的二十六个字全部删掉，精简成“环滁皆山也”五个字。欧阳修把改好的开头再读给老者听，老者笑着说：“这就行了。”

中国的诗歌创作有锤炼词语的好传统，古人叫作“炼字”。这是历代相传的修辞艺术。王安石的“春风又绿（试比较“到、过、满、入、吹”）江南岸”的“绿”字，一字点睛，把春天的无限生机展现在读者眼前，给人以生动、新鲜、春意盎然之感。

相传唐朝诗人贾岛写了一首名为《题李凝幽居》的诗，诗中有一联是“鸟宿池边树，僧敲（推）月下门”。他吃不准用“推”和“敲”哪个字更贴切，于是便骑在驴背上，一边走一边做推门和敲门的手势。走着走着，不当心冲撞了时任代理长安府尹韩愈的马。有人竟敢冒犯府尹的尊严，这还了得！韩愈的侍从赶过来，二话不说，就把贾岛从驴背上拉下，带到韩愈面前。

“如此无礼，该当何罪?”韩愈生气地质问。

“大人息怒，小人在琢磨一句诗，举止不端，纯属无意，乞求宽宥!”

韩愈一听是个诗人，气便消了。问贾岛是一句什么诗，贾岛一说，韩愈不由得也斟酌思考起来，稍许，他说：

“我以为用‘敲’字好。”

“是何道理，请大人指教!”

“首先，‘僧敲月下门’，静中有动，静中有声，更利于写出诗的意境。其次，‘敲’字比‘推’字字音响亮，诗读起来更加悦耳。”

贾岛对韩愈的精湛分析佩服得五体投地，连连向韩愈作揖。这样，贾岛的诗才算定稿了。

炼字在古代不只见于诗词，散文之中也不乏其例。

宋代著名文学家范仲淹，在浙江桐庐县做官的时候，为当地的东汉隐士严光修建了祠堂。为了表达对严先生的仰慕之情，范仲淹特意写了一篇《严先生祠堂记》。

成文以后，范仲淹拿给一个叫李泰伯的相识请教。李泰伯看了文章，首先赞不绝口。其后，他指着文章中的一个地方说：“云山苍苍，江水泱泱，先生之德，山高水长。这几句音响义长，可谓文章的主旨所在。不过，恕我无礼，‘德’字似乎用得不太妥帖，不如改为‘风’字好。”

范仲淹听了，连连点头，马上就把文章中的“德”字改成了“风”字。

“风”字为何比“德”字好呢？因为前文里的“云山”“江水”的词义范围广，而“德”字（这里指品德）词义狭小，“云山苍苍，江水泱泱”，确实气势磅礴，一个“德”字是承不起来的。“风”比“德”所指范围大，也较庄重、典雅，含义更丰富。所以一字之改，使文章增色不少。

古人在文学创作中锤炼词语的传统，为后人所继承发扬。鲁迅的“忍看朋辈成新鬼，怒向刀丛觅小诗”中，“忍看”——实是不忍心看，表现了作者对敌人暴行的憎恨（原稿是“眼看”）。“怒向刀丛觅小诗”（原稿是“刀边”），使白色恐怖的严重性更加突出，在如此险恶的环境之下，仍然要“觅”出小诗来悼念被害者，痛斥反动派。这一反衬，把作者敢于蔑视敌人的大无畏精神表现得更加强烈了。

锤炼词语是非常复杂的活动，它同一个人对客观事物观察认识的深度，艺术联想、想象的丰富程度以及文化素养的水平等都有密切的关系。锤炼词语并不像用词正确、句子通顺那样有个一般的标准，它的要求是无限的，是永无止境的。

锤炼词语，或者说词语修辞，一般从意义（内容）、声音（形式）两方面着手，表意确切，声音和谐，才具有深刻的含义、高远的意境，才会收到比较满意的表达效果。

第一节　意义的选择锤炼

意义是词语的内容、词语的灵魂，它是词语运用首先要处理好的问题。特别是遇到同一个意思可以用几个不同的词语来表达时，更要注意它们意义上的细微差别，精心选择。选择意义恰当的词语，应该从理解把握词语的意义、词性、色彩、搭配、活用等方面着手。

一、同义词语的选用

汉语的同义词语（包括近义词语）非常丰富，如以“考”为同义或近义语素可构成系列同义词：考试、考核、考查、考察、考虑、考究、考证、考释等。这是人们为了更准确、更细致地区分事物或现象之间的种种细微差别而形成的。描述事物或现象时，到底用哪一个好，就有一个选择的问题。例如：

①“老者，水现成吧？喝碗！”

“啊！”老者的手在胸前搓着泥卷，打量了祥子一眼，细细看了看三匹骆驼。“有水！哪儿来的？”

“西边！”祥子不敢说地名，因为不准知道。

“西边有兵呀？”老者的眼盯住祥子的军裤。

（老舍《骆驼祥子》）

② 他还亲自凭吊过淮阴侯韩信的墓冢，俯瞰过岷江的离堆，登上了蒙恬监修的万里长城，考察了大梁的夷门，瞻仰过张良的遗像，看过孔子故里儒生习礼的情景，甚至还亲自参加过堵塞黄河决口的活动。在山东滕县，他调查过孟尝君好士的传说；在江苏沛郡，调查了刘邦、萧何、周勃、樊哙、灌婴等人的出身、性格和行为，等等。

（蔺羡璧主编《文章学》）

例①连用了“打量”“看”“盯”三个同义词，一位乡村老人在战乱年代，忽然看到一个从外地来的陌生人，自然要从他的衣着和外貌上观察、猜度其身份。这里使用“打量”一词很传神。盯着祥子穿的军裤，老人非常惊恐，这里用了一个“盯”字，就把其神态活灵活现地勾画出来了。对祥子手里拉着的骆驼，老人“细细看了看”，表明他对这几匹骆驼的来历产生了怀疑。同是描写老人“看”的动作，作者根据人物心理的瞬间变化，选用了一组同中有异的同义词，真实地刻画出人物复杂的心理，收到了精确表意的效果。例②的“凭吊”“俯瞰”“登上”“考察”“瞻仰”“看过”“参加”“调查”等词语，也是经过了作者严格的推敲。在韩信墓冢前有悼念追思之意，所以用了“凭吊”；看“离堆”是居高临下，用“俯瞰”；去“长城”是由低处到高处，用“登上”；“夷门”的古迹需要认真查看清楚，所以用“考察”；面对“张良的遗像”怀有崇敬之情，用“瞻仰”；观察“儒生习礼”，用“看过”；加入“堵塞黄河决口的活动”，用“参加”；对“孟尝君好士”、刘邦等人的“出身、性格和行为”需实地采访，用“调查”。这些动词与各自的宾语精心搭配，极为准确地表述了司马迁为写《史记》所做的大量周密的准备工作。这些也都说明，恰当地选用同义词，可以把思想感情表达得精确、严密。让我们再看周恩来总理1954年4月28日《在日内瓦会议上的发言》中的一段话：

> ③我们认为，美国的这些侵略行动应该被制止，亚洲的和平应该得到保证，亚洲各国独立和主权应该得到尊重，亚洲人民的民族权利和自由应该得到保障，对亚洲各国内政的干涉应该停止，驻在亚洲各国的外国军事基地应该撤除，驻在亚洲各国的外国军队应该撤退，日本军国主义的复活应该防止，一切经济封锁和限制应该取消。

这里选用了九个动词来分别说明九个方面的问题，与各自要说明的对象搭配得非常精当，使得行文条分缕析，把我国政府对这些问题的看法和严正的立场十分准确严密地表达出来，给人以义正词严之感。在这九个动词中，有的意义是相当接近的，如“保证”和“保障”、“撤退”和“撤除”等，但它们是不能互换使用的。

同义词语配合起来使用，往往能起到相互补充、相互映衬、前后呼应的作用，还可以避免用词重复、单调呆板等毛病，使语言富于变化。例如：

④ 宗法封建性的土豪劣绅，不法地主阶级，是几千年专制政治的基础，帝国主义、军阀、贪官污吏的墙脚。

（毛泽东《湖南农民运动考察报告》）

⑤ 它是站在海岸遥望海中已经看得见桅杆尖头了的一只航船，它是立于高山之巅远看东方已见光芒四射喷薄欲出的一轮朝日，它是躁动于母腹中的快要成熟了的一个婴儿。

（毛泽东《星星之火，可以燎原》）

⑥ 我知道以群的死是在他逝世后的一周，知道老舍的“玉碎”却是在他自杀后的一段长时期，知道傅雷的绝笔则是在他辞世后的若干年了。

（巴金《二十年前》）

例④的“基础”和“墙脚”，例⑤的“站在”和“立于”，“遥望”和“远看”都是同义词语，词面有变化，含义是相同或相近的。常言道，文似看山不喜平。较短的文字里，要重复同一概念，换用同义词，即可重义而不重词，使语言显得错综有变化，活泼而有生气。例⑥的“死”“逝世”“玉碎”“自杀”“绝笔”“辞世”六个同义词交替使用，无一重复，寄寓了巴金对死者的崇敬和痛惜之情，“玉碎”“绝笔”还与表达对象的性格、职业特点相联系，选择极为精当。

同义词语连用，可以加重语势，以达到强调的目的。例如：

⑦ 嘉轩听着众人不断重复着的恭维新生儿子的套话——再没有比这些套话叫人心里更快活的事了，他只是

憨笑着更加殷勤更加诚挚地递烟让茶，对所有的亲朋乡友不分彼此不管亲疏不戒远近一律平等对待。

（陈忠实《白鹿原》）

⑧ 对同志对人民不是满腔热忱，而是冷冷清清，漠不关心，麻木不仁。

（毛泽东《纪念白求恩》）

例⑦的“殷勤”和“诚挚”，“不分”、“不管”和“不戒”分别是一组同义词语连用，语意上互相补充，加重了语势，充分烘托了白嘉轩头生儿子满月仪式隆重热烈的气氛，令人陶醉。例⑧中“冷冷清清”“漠不关心”“麻木不仁”这三个同义词语连用，强调了某些人对同志对人民极端冷漠的态度，加重了批评的语气。

二、反义词语的配用

由于反义词语所表达的是互相对立、互相矛盾的意思，所以恰当地利用反义词的相互照应、相互配合能构成鲜明对照，给人留下深刻的印象。例如：

① 我们大家辛辛苦苦为的是什么？就是为的一个心愿：要把死的变成活的；把臭的变成香的；把丑的变成美的；把痛苦变成欢乐；把生活变成座大花园。

（杨朔《京城漫记》）

② 我相信，到那时，到处都是活跃跃的创造，到处

都是日新月异的进步，欢歌将代替了悲叹，笑脸将代替了哭脸，富裕将代替了贫穷，康健将代替了疾苦，智慧将代替了愚昧，友爱将代替了仇杀，生之快乐将代替了死之悲哀，明媚的花园将代替了凄凉的荒地！

（方志敏《可爱的中国》）

③ 战争，这就是战争！它把人生的经历如此紧张而剧烈地压缩在一起了：胜利与失败、希望与失望、亢奋与悲恸、瞬间的生与死……这一切，有人兴许活上十年、五十年，不见得全部经历到，而战争中的几天，甚至几小时、几分钟之内，士兵们便将这些全部体味了！

（李存葆《高山下的花环》）

例①用“死”“臭”“丑”“痛苦”概括了北京的“旧貌”，用“活”“香”“美”“欢乐”概括了北京的“新颜”，四组反义词对举，突出表达将旧貌换为新颜的决心。例②通过一系列的反义词对举，表达了作者对新中国前后两个时期截然不同的态度，褒贬分明。例③中的四组反义词对举，揭示了战争的残酷，对照鲜明，以示警策。

反义词配用可构成成语和四字格短语，言简意赅，生动活泼，表现力强，如：口是心非、此起彼伏、取长补短、日新月异、同甘共苦、不破不立、大起大落、几上几下、左右逢源、互通有无、不分高低等等。反义词配用也可以构成谚语、格言，从而增强语言表现力和形式的对称美，如：“饿了困，饱了闷”“满招损，谦受益”“君子动口，小人动手”“捡了芝麻，丢了西瓜”“翻手为云，覆手为雨”“上头笑着，底下就使绊子”，等等。这些谚语、格言，有的含义含蓄而丰富，有的语言生动形象，有的闪烁着先哲智慧的光芒，有的是人生经验的升华。辞格中的对比、对偶、反语、反衬等都是以反义词运用作为主要表现手法的。

三、动词、形容词的准确选择

词语在意义上的选择锤炼，从另一个角度来看，准确选择动词和形容词最为关键。要把人或事物表现得具体形象、生动逼真，就必须在动词、形容词的锤炼上下功夫。例如：

① 几年来有一种做法：别人的话说出来，就给套框子、抓辫子、挖根子、戴帽子、打棍子。

(周恩来《在文艺工作座谈会和故事片创作会议上的讲话》)

② 远望天山，美丽多姿，那常年积雪的高插云霄的群峰，像集体起舞时的维吾尔族少女的珠冠，银光闪闪；那富于色彩的连绵不断的山峦，像孔雀正在开屏，艳丽迷人。……就在雪的群峰的围绕中，一片奇丽的千里牧场展现在你的眼前。墨绿的原始森林和鲜艳的野花，给这辽阔的千里牧场镶上了双重富丽的花边。

(碧野《天山景物记》)

例①中，“套”“抓”“挖”“戴”“打”这五个动词，十分准确地表现出一些人在特定场合下的动作行为特征，淋漓尽致地刻画出了这些人野蛮的性格。例②中，同样说“美”，却用了四个不同的形容词："美丽"统称一切漂亮的事物，用在文章开头，概括地写天山景物的好看；"艳丽"形容色彩鲜艳的美，用来写像孔雀开屏一样富于色彩的山峦，突出了它的鲜艳；"奇丽"是罕见的、意想不到的美，用来写雪山群峰环绕中居然有一大片牧场，突出惊奇之感；"富丽"是堂皇的美，能给这千里牧场镶上一重又一重美丽的花边，当然称得上"富丽"。这几个形容词恰到好处地描写了不同对象的不同特征，非常贴切。

动词、形容词在诗作里被称为"诗眼"，唯其运用得好，诗作才能立于纸上，才能"活"起来。

（一）寓繁于简

这里所说的"繁""简"，不是指所使用的词语数目多少的问题，而是指所使用的词语是否具有高度的概括性和联想性，包含着更丰富更深刻的含义。例如：

③ 周瑞家的道："早起我就看见那螃蟹了，一斤只好称两个三个。这么三大篓，想是有七八十斤呢……若是上上下下只怕还不够。"平儿道："那里够，不过都是有名儿的吃两个子。那些散众的，也有摸得着的，也有摸不着的。"刘姥姥道："这样螃蟹，今年就值五分一斤。十斤五钱，五五二两五，三五一十五，再搭上酒菜，一共倒有二十多两银子。阿弥陀佛！这一顿的钱够我们庄稼人过一年了。"

（曹雪芹《红楼梦》）

这段话既从正面写出了贾府主子们饮食的豪奢，又通过一个“摸”字从侧面透露了大观园中下层奴仆们的待遇菲薄、地位低微。这个“摸”字，在这里显然和“吃”的概念相联系，但它又比“吃”字含义丰富，它还含有“以手触物”的本义。要“吃”到螃蟹，先得“摸”着螃蟹，连“摸”都“摸”不着，自然谈不到“吃”了。“摸”字透露着这样的信息，贾府吃的螃蟹虽然很多，但奴仆们是难得沾唇的。这样，和“吃”字相比较，“摸”字的选用，就做到寓繁于简了。又如：

④ 我们偏要穿过这样的天险，修起铁路，使四川的富源能够流到外地来。

（杨朔《走进太阳里去》）

这里不说“运”而说“流”，是因为用“流”胜于用“运”，“流”不但和“运”所表示的概念相联系，而且还含有“畅通无阻”地“运”、“迅速”地“运”、“源源不断”地“运”的意思，这些意思都不是“运”所具有的。人们看到这个“流”，脑子里自然会联想到这些含义。

（二）寓静于动

用表示动作行为的动词去描写静态的事物，可以化静为动，使静态事物栩栩如生。例如：

⑤ 这原来是一条里外全新的新花被子，被面是假洋缎的，枣红底，上面撒满白色百合花。

（茹志鹃《百合花》）

⑥ 在那山径上，碧水边，姑娘们飘着彩色长裙，顶着竹篮、水罐，走回开满波斯菊的家园。

（魏巍《依依惜别的深情》）

⑦ 千山万壑赴荆门，
生长明妃尚有村。

（杜甫《咏怀古迹》）

⑧ 她后来就索性站在我旁边，伸出头去望那条顺着山脚爬出去的公路。

（巴金《军长的心》）

例⑤被面上的“花”是印染上去的，是静态事物，这里却说它们是“撒”上去的，就使静态事物动态化了，使人感到被面上的花就像真的一样，很有生气。例⑥不说“穿着”而说“飘着”，表示了动作的持续性，表现了朝鲜姑娘顶水时步履迅速而生风的情景。例⑦的“千山万壑”本是静物，却说它们“赴”荆门，不仅写出了荆门在千山万壑之中，而且写出了山岭蜿蜒起伏的生动而又壮观的景象，写得很有气势。例⑧中一个“爬”字把静止的公路写活了，好像公路是一条龙似的，这里要是用“延伸”，就不可能这么形象。

（三）寓抽象于具体

世间的事物，比较起来，总是有的比较具体，看得见，摸得着，有的则比较抽象，看得见而摸不着，体会得到而描画不出来，有的甚至看不见也摸不着。寓抽象于具体，就是选用含义具体、色彩鲜明的词语来表现比较抽象的事物，使之具体化，让人见文生情，如临其境，如闻其声，如见其状。例如：

⑨ 王利发：我呢，做了一辈子顺民，见谁都请安、鞠躬、作揖。

（老舍《茶馆》）

⑩ 后来，我从姐姐一个最要好的同学嘴里，费了很多周折，才抠出几句话来。

（关庚寅《“不称心”的姐夫》）

⑪ 别的且不说罢，单是学艺上的东西，近来就先送一批古董到巴黎去展览，但终“不知后事如何”；还有几位“大师”们捧着几张古画和新画，在欧洲各国一路的挂过去，叫作“发扬国光”。

（鲁迅《拿来主义》）

⑫ 她未必知道她的悲哀经大家咀嚼鉴赏了许多天，早已成为渣滓，只值得烦厌和唾弃；但从人们的笑影上，也仿佛觉得这又冷又尖，自己再没有开口的必要了。

（鲁迅《祝福》）

例⑨“请安”“鞠躬”“作揖”形象地表现了茶馆老板王利发小心翼翼、和气生财的处世态度，给人留下深刻的印象。例⑩一个“抠”字，把费尽周折、想方设法、好不容易得到那“几句话（姐姐已经在乡下找了对象）”的活动具体化了，形象生动，耐人寻味。例⑪用“挂”而不用“展出”，因为这里，“挂”不但表示“展出”这一概念，连“展出”所必有的动作都具体形象地表现出来了。例⑫用“冷”“尖”来说明人们的

"笑影"在祥林嫂心里所引起的痛苦感觉，她看到人们的那种"笑影"不寒而栗，那"笑影"像锥子似地刺痛着她的心，这就把祥林嫂的内心世界具体化了。

四、词语的活用

词语的活用是改变某些词语的常规用法，给人以新鲜生动之感，增强语句的表达效果的一种方法。某语文教师批改作文时，发现学生没有掌握"而"的用法，该用时不用，不该用时乱用，在提醒学生时写道："当而而不而，不当而而而"，这里把"而"活用了，表达效果非常好。词语的活用包括语义的活用和词性的活用。

（一）语义的活用

词语在静态环境中具有固定的意义，但是在一定的言语环境中，有意让本来不适用于某种范围的词语临时适用于这个范围，赋予它新的生命力，从而达到超常的修辞效果，这就是语义的活用。例如：

① 虽然两天来，许茂老汉封锁消息的决策是又英明又成功，葫芦坝"舆论界"还不知道许家院子曾经有过闹贼这件事，但这不等于说这个严重事件不存在。

（周克芹《许茂和他的女儿们》）

② 在李宝珠看来，她这位丈夫也不能算最满意的人……只把他作为个"过渡时期"的丈夫，等什么时候找

下了最理想的人再和他离婚。……因此她安排了一套对待张信的“政策”。她这套政策，第一是要掌握经济全权……第三是吃饭穿衣的标准要由她规定……她这一套政策……全面执行之后，张信完全变成了她的长工。

（赵树理《锻炼锻炼》）

③ 爆破专家又热情地和杨方握手，说：“这算是军人的握手。我比你年纪大，但也是在战壕上学，在战壕毕业。从炸敌人碉堡开始，学习爆破专业。”

（杜鹏程《第一天》）

例①的“决策”“舆论界”都是词语的降用，或者说是“大词小用”，是对许茂老汉和葫芦坝好说闲话人的打趣。例②中的“过渡时期”“政策”“全面执行”本来都属于政治术语，经常用于严肃场合，现在却用来叙述生活琐事，故意郑重其辞地表达李宝珠对待丈夫的态度和举措，不仅使语言诙谐幽默，而且充满了对李宝珠的嘲讽之意，颇能引人深思。例③是把适用于某一行业的词语运用到其他行业或全民日常生活领域，从而改变词语的使用环境。“毕业”“专业”是教育行业用语，用在日常生活的事情上，显得活泼俏皮，妙趣横生。

语义的活用还包括词语的变异。当词语的意义是由某种社会成员间共同理解的意义加上某些特殊交际环境所附加的个别意义而构成时，这种词义即语言中变异后的词义，这种模式即词语的变异。例如：

④（老李陪他太太逛商场）等绕到丹桂商场，老李把自己种在书摊子前面。

（老舍《离婚》）

⑤ 哈西姆跟许多坎儿井匠人一样，替水霸、地主挖了一辈子的水，给自己挖到的只是贫穷和疾病。

（袁鹰《戈壁水长流》）

⑥“你有多少钱？”他问。

“是不是？我就知道你要问这个嘛！你不是娶媳妇呢，是娶那点钱，对不对？”

（老舍《骆驼祥子》）

例④中，“种”一般相对植物而言，这里却引申开来用于人，表示“老李”站在书摊前不动。这个“种”就远比用“站……不动”含义丰富新颖得多。能够产生令人耳目一新、生动形象的表达效果。例⑤中“挖”和“贫穷”“疾病”组合，字面是挖的动作，实际上是说哈西姆辛苦一辈子，最后得到的还是穷苦的生活，蕴含着言语主体对剥削者的愤恨、对劳动群众的同情。例⑥中“娶那点钱”这一变异组合，使整句内蕴深蓄，有较强的讽刺意味。

王德春曾经在《修辞学探索》中指出：“在特定的语境之中，在遵守全民语言规范的基础上，为了交际需要而在个别地方突破规范，创造性地使用语言，这不仅不会引起混乱，妨碍交际，而且可以加强语言的表达效果，有利于交际任务的完成。”我们知道，语言规范是一种法定的或社会约定俗成的准则，规范具有全民性，变异则具有独特性，规范具有相对稳定性，变异则具有创造性。在特定的语境中，语言变异可以通过对语言规范的突破来传递深层意义，获得言此意彼的表达效果。例如：

⑦ 李向南感到心中涌起了潮湿的感动。

（柯云路《新星》）

⑧ 忧郁趁势在她的心里生长起来。

（巴金《春》）

⑨ 当初你咬下舌头吐掉的时候，难道把党性、生命连同对事业的信心和责任感也一块吐掉了？

（蒋子龙《乔厂长上任记》）

（二）词性的活用

有时候出于修辞的需要，人们经常会改变一些习惯用法，把甲类词暂时活用为乙类词，这样既保留了原来的意义，又临时增添了与之相关的新的意义，使之具有其他词语的性质和功能，这就是词性的活用。例如：

⑩ 老大在闹革命那几年“自由”下一个婆姨，一个孩子而今也满院子跑了。

（柳青《在故乡》）

⑪ 父亲在信中说……家里如今有来钱的门路了，新政策下来后，他和队上的几个老人“责任”了屋后山坡上的一片竹林。

（王戈《树上的鸟儿》）

⑫ 手术到午后，不想吃午饭了。

（王火《江教授、“假洋鬼子”和“裘文婷”》）

⑬“从今后，咱们就不是哥们儿了。”董延平冷冷地说，“除非你做的像个哥们儿。”

“那就算了，”我说，“不哥们儿就不哥们儿吧。”

（王朔《永失我爱》）

例⑩中的“自由”，本是形容词，在句中临时用作动词，生动幽默，读来使人忍俊不禁。例⑪中的名词“责任”，临时用作动词做谓语，真实再现当时“承包了屋后山坡上的一片责任竹林”，家里有了来钱的门路。例⑫中的名词“手术”，临时用作动词，比“做手术做到午后”更简洁。例⑬中的名词“哥们儿”临时用作动词，比“不是哥们儿就不是哥们儿了”更精练幽默。以上这些临时改变词性的用法往往是为了追求语言的新颖、形象和生动，能赋予语句新的生命力，出奇制胜，收到特殊的修辞效果。

第二节　声音的选择锤炼

词是声音和意义的结合体，一篇作品，除了要准确地运用词语来表情达意之外，还要注意声音上的优美协调，才能念起来朗朗上口，听起来和谐悦耳，记起来方便快捷。特别是汉语在语音上有着区别于其他语言的独有特点：元音占优势，容易合辙押韵，响亮悦耳；声调分平仄，能产生抑扬顿挫的音乐美；双音节占优势，单音节、多音节组合灵活，容易形成音节和谐匀称的音律效果。苏联作家高尔基曾说过，“作为一种感人的力量，语言的真正的美，产生于言辞的准确、明晰和动听。”（《论社会主义现实主义》）老舍先生也说过：“除了注意文字的意义而外，还注意文字的声音与音节。这就发挥了语言的声韵之美。”（《民间文艺的语言》）词语的声音配合得当，铿锵悦耳，和谐优美，表达效果自然会相应地提高，所以我们说话写文章都应当讲究词语的声韵美，做到声情并茂。

一、音节匀称

用词造句要讲究音节的匀称。单双音节的合理安排、协调配合，能给人以节奏明快、音节匀称的美感。例如：

①绿，鲜绿，浅绿，深绿，黄绿，灰绿，各种的颜色，联接着，交错着，变化着，波动着，一直绿到天边，绿到山脚，绿到渔帆的外边去，风不凉，浪不高，船缓缓地走，燕低低地飞，街上的花香与海上的咸味混到一处。

（老舍《五月的青岛》）

②随着山势，溪流时而宽，时而窄，时而缓，时而急，溪声也随时变换调子。

（叶圣陶《记金华的两个岩洞》）

③东有东山，西有西山，北有卧虎，南有鸡笼，太

原正好坐落在一个肥沃的盆地里。

（吴伯箫《难老泉》）

例①利用对称的音节和由此造成的强烈的节奏来描写对“春深似海”的感受，五种绿、四种动态，还有风与浪、船与燕、街上与海上的对称，不仅使人强烈感受到一种视觉美，而且把作者对春天的热爱、赞叹之情淋漓尽致地表现了出来。例②的“宽”“窄”“缓”“急”是利用单音节词使音节匀称，例③的“东山”“西山”“卧虎”“鸡笼”是利用双音节词使音节匀称。为了前后对称协调，后两个山名省去了“山”字，使全句整齐一致，增强了语言的音乐美。

音节整齐的对应，常见于诗歌及抒情散文。古代诗歌不用说，就连现代儿歌也往往带有音节匀称的美感。例如：

④ 公鸡公鸡真美丽，
大红冠子花外衣，
油亮脖子金黄脚，
要比漂亮我第一。

（《美丽的公鸡》）

这首儿歌，音节匀称，便于朗读和记忆，能给小学生留下深刻的印象。

其他体裁的句式，一般说来是不要求整齐的，不过在写作时如果能适当运用一些音节相对的手法，于参差中显示匀称的美，对提高表达效果也是有帮助的。例如：

⑤ 这总是第一次抛弃一切，完全来与“自然”相对。以读书，凝想，赏明月，看朝霞为日课。有时夜半醒来，万籁俱绝，皓月中天，倏然回顾，觉得心中一片空灵。

（冰心《寄小读者》）

例⑤中“读书”与“凝想”双音节两两相对，“赏明月”与“看朝霞”三音节对三音节，“万籁俱绝”与“皓月中天”四音节对四音节。这就把安宁的环境通过匀称整齐的音节更好地体现出来了。

有时为了调整音节，使搭配和谐、匀称，可以运用衬字或加儿化韵的方法增强节奏感。例如：

⑥ 花篮的花儿香，
听我来唱一唱。

（贺敬之《南泥湾》）

诗句中的“儿”“来”都是为了使音节匀称而加上去的衬词。去掉它们，虽然不影响诗句的表意，但是全诗就失去了原有的节奏感、旋律美。

二、平仄相协

在律诗中，对平仄的要求是很严格的，要求一句之内平仄交替，上下两句平仄相反。例如：

春蚕到死丝方尽，
蜡炬成灰泪始干。

（李商隐《无题》）

诗中上句的声调是“平平仄仄平平仄”，下句的声调与之对应，是“仄仄平平仄仄平”，句内又是平仄交替，排列非常严整，使得诗句读起来抑扬顿挫，铿锵悦耳，有非常强烈的音乐美感。

现代诗歌散文当然不必恪守格律，但是适当地讲究平仄也是必要的。老舍在《出口成章》中说过：“即使是散文，平仄的排列也还该考究。是，‘张三李四’好听，‘张三王八’就不好听。前者是二平二仄，有起有落；后者是四字皆平，缺乏扬抑。四个字尚且如此，那么连说几句就更该好好安排一下。”例如：

① 不逢北国之秋，已将近十余年了。在南方每年到了秋天，总要想起陶然亭的芦花，钓鱼台的柳影，西山的虫唱，玉泉的夜月，潭柘寺的钟声。

（郁达夫《故都的秋》）

② 灵车队，万众心相随。哭别总理心欲碎，八亿神州泪纷飞。

（《敬爱的周恩来总理永垂不朽》纪录片解说词）

例①中，“芦花”“柳影”“虫唱”“夜月”“钟声”五个双音词分别是平平、仄仄、平仄、仄仄、平平，声调高低相间，读起来，听起来，都有一种抑扬美。例②中适当注意了词语的平仄交错。如“万众心相随”，声调是仄仄平平平，有抑有扬。如果换成“人民心相随”，那就成了全平声的句子，读来索然无味。句末注意了平仄对应：“队”与“随”、“碎”与“飞”，都是一个仄声对一个平声，读来抑扬起伏，和谐动听。

有时为了求得声调和谐，可以适当改变词语的结构。例如：

③ 瑰丽端庄的中山公园，绿树成荫，花坛巧布，彩练横空，千红万紫。

（失记）

④ 春温秋肃，默化潜移，身心获益靡涯，文笔增华有望。

（郭沫若《鲁迅诗稿序》）

例③中的“千红万紫”，习惯的说法是“万紫千红”，为了在平仄上与“彩练横空”相照应，调整为“千红万紫”。例④中的“默化潜移”，同样是为了与前面的“春温秋肃”相对应，而将“潜移默化”这个成语的固定结构做了临时调整，使语句产生了抑扬顿挫之美。

三、韵脚和谐

声音美同押韵有密切关系。为了易于上口，把韵母和与韵尾相同或相近的字放在某些句子的末尾，这就是押韵。因为这些字的位置在句尾，所以又叫“韵脚”。旧体诗押韵有严格的要求，新诗比较自由，但还是押韵的居多。押韵不但使语言具有旋律美、和谐美，悦耳动听，而且有助于抒发感情，便于传诵。

押韵的形式多种多样，最常见的短诗是一、二、四句押韵。例如：

① 浪迹江湖忆旧游，(yóu)
故人生死各千秋。(qiū)
已摈忧患寻常事，
留得豪情作楚囚。(qiú)

（恽代英《狱中诗》）

隔句押的叫偶韵。例如：

② 理想是石，敲出星星之火；
理想是火，点燃熄灭的灯；(dēng)
理想是灯，照亮夜行的路；
理想是路，引你走到黎明。(míng)

（流沙河《理想》）

诗歌押了韵，句与句之间有了语音上的回环往复，不仅和谐动听，富有节奏感，而且易于背诵。有些散文为了有力地渲染某种气氛、抒发强烈的感情，也采取押韵的方式。例如：

③ 啊，梅家坞，这美丽的山村，是一个多么可爱的地方啊！我爱这青翠无边的茶田，我爱这秀美幽深的山谷，我爱这整齐宽阔的街道，我爱这敞亮明净的房屋，我爱这从村中间静静地流过的清澈的小溪，我爱这像绿色的云朵似的覆盖着村庄的树木。

（峻青《翡翠谷》）

“山谷”“房屋”“树木”，隔句押韵，语言整齐和谐，具有声韵美，渲染了散文中的诗情画意。

还有押双句韵的，叫随韵，两句一换韵。例如：

④ 云中的神呵，雾中的仙，（xiān）
神姿仙态桂林的山！（shān）

情一样深呵，梦一样美，（měi）
如情似梦漓江的水！（shuǐ）

（贺敬之《桂林山水歌》）

“仙”和“山”押韵，是平声韵；“美”和“水”押韵，是仄声韵。这四行诗，既有语音的回环，又有声调的抑扬，加上音节匀称，所以节奏鲜明，旋律优美。

尽管句子的韵脚和押韵形式各不相同，但它们都是通过同韵相押，使句子末尾的字音跌宕回环，给人以和谐悦耳的美感。正是这个原因，有时需要改变词语结构，以求押韵。例如：

⑤ 敬爱的周总理，您为祖国山河添光辉，您为中华儿女振声威，您不朽的业绩永世长存，您光辉的名字青史永垂。

（《敬爱的周恩来总理永垂不朽》纪录片解说词）

⑥ 自从赤卫队离了家门，
乡亲们又陷入火热水深。

（歌剧《洪湖赤卫队》唱词）

例⑤“永垂青史”是成语的原有格式，为了韵脚统一和谐，改为“青史永垂”，“垂”和“添光辉”的“辉”、“振声威”的“威”押了韵。例⑥同样为了押韵，把成语“水深火热”调整为“火热水深”，“深”和“家门”的“门”是同一韵脚。

四、叠音自然

叠音，就是音节的重叠。古人叫“重言”或“复字”。修辞学家董季棠在《修辞析论》中说：“复叠的好处是，用在论说，能增加文章的气势；用在抒情，能给人一种情韵回环、风致绵邈的感觉。读起来也就言有尽而意无穷的了。”叠音是汉语特有的一种修辞方式，凭借音节的重叠，既可造成同音相和的音乐美，又可增强描绘效果。例如：

① 青青河畔草，
郁郁园中柳。
盈盈楼上女，

皎皎当窗牖。
娥娥红粉妆，
纤纤出素手。

（《古诗十九首·青青河畔草》）

②井冈山五百里林海里，最使人难忘的是毛竹。从远处看，郁郁苍苍，重重叠叠，望不到头。到近处看，有的修直挺拔，好似当年山头的岗哨；有的密密麻麻，好似埋伏在深坳里的奇兵；有的看来出世还不久，却也亭亭玉立，别有一番神采。

（袁鹰《井冈翠竹》）

③坦坦荡荡，大大方方。
巍巍峨峨，正正堂堂。
雄雄纠纠，礴礴磅磅。
轰轰烈烈，炜炜煌煌。

（郭沫若《颂北京》）

例①用了六个叠音词描物状貌，美的景色与美的人物彼此配合，画面多彩绚丽，音节和谐悦耳，格调清新柔美。例②先写远望，用了“郁郁苍苍”“重重叠叠”这两个叠音词，把井冈山林木繁茂、满眼翠绿、生机勃勃的景象展现在人们面前。到近处看，又用叠音词“密密麻麻”“亭亭玉立”来具体描绘毛竹的各种形态。例③是首颂歌，创造性地连用多个叠音词，充分表达了作者热爱首都北京的强烈的思想感情。

词语在声音上的锤炼，还要用好汉语独有的双声、叠韵词，以形成一种回环之美。例如：

④ 早霞渐渐变浓变深，粉红的颜色，渐渐变成为桔红以后又变成为鲜红了。而大海和天空，也像起了火似的，通红一片。就在这时，在那水天溶为一体的苍茫远方，在那闪烁着一片火焰似的浪花的大海里，一轮红得耀眼光芒四射的太阳，冉冉地升腾起来……

（峻青《沧海日出》）

⑤ 茫茫黑夜夜芬芳，
闪闪灯光光宁静。

（刘白羽《歌唱李仁杰》）

例④的“闪烁”“耀眼”是双声词，“通红”“苍茫”“光芒”“升腾”是叠韵词。这种交错和间接使用就使音响具有起伏流转、回环往复的效果，又有突出地描绘渲染的作用。例⑤的双声词“芬芳”、叠韵词“宁静”以点睛之笔，描绘出一幅新型矿区的独特夜景，把人们带进了一个夜静谧而灯不熄的美好情境。

汉语是富有音乐美的语言，我们要通过对词语声音的恰当配合，使“下字如珠落玉盘，流转自如，令人听来悦耳，读来顺口”（曹靖华《谈散文》），达到提高语言表达效果的目的。让我们再来欣赏著名诗人余光中的《乡愁》，领略诗中蕴含的音乐美和意境美吧。

小时候，
乡愁是一枚小小的邮票，
我在这头，

母亲在那头。

长大后，
乡愁是一张窄窄的船票，
我在这头，
新娘在那头。

后来啊，
乡愁是一方矮矮的坟墓，
我在外头，
母亲在里头。

而现在，
乡愁是一湾浅浅的海峡，
我在这头，
大陆在那头。

余光中采用了重章叠句的构思，回环复沓，一唱三叹，用音乐般的节奏表现了诗人对故乡、对祖国深深的眷恋之情。

第三章　句式修辞

第一节　句式修辞概述

句子是大于词语的语言单位，也是最基本的言语交际单位。句式修辞也是现代汉语修辞的重要组成部分，同词语修辞一样，具有十分重要的作用。无论是说话还是写文章，不管是长篇大论还是三言两语，话总是一句一句地说，文章总是一句一句地写，所以，如何组词成句，是语言运用的一项基本功，许多语言大师和优秀作家都非常重视通过造句艺术的刻意创新，来追求理想的表达效果。例如唐代诗人杜甫有“为人性僻耽佳句，语不惊人死不休”的诗句，贾岛在《题诗后》中说，“二句三年得，一吟双泪流”，苏联文学家法捷耶夫也说过：“艺术家应当经常做一种特别的‘体操’：练习构造各式各样句子的艺术。”（《论作家的劳动》）这些都表明了语言艺术家对句式修辞的重视程度。

一种句式孤立地看，很难说它是好是坏。俗话说“一句话，百样说”，这是指同一个意思，可以用几种不同的句式表达，而不同句式的表达效果并不相同。所以，说话或写文章时要重视句式的选择。

句式修辞是指对同义句式的选择。所谓同义句式，是指那些意思基本相同而结构方式和表达效果有差别的句子格式。它包括语序的常与变、形体的长与短、组织的松与紧、结构的整与散、语态的主动与被动等。例如：

原句：大雁塔多么雄伟啊！

改句：多么雄伟啊，大雁塔！

这两个句子表达的意思大体上是一样的，但句式不同，表达的效果就有差别：前者是常式句，突出的重点是主语“大雁塔”，后者是变式句，突出的重点是谓语“多么雄伟啊”，表达的情感比前一句要强烈一些。

汉语的显著特点之一，是以语序为造句手段，这就为灵活地组织句式提供了方便，也为寻求最合适的句式提供了选择的余地。同义句式的选择是有原则的。

一、适应说写目的

说话写作的目的不同，侧重点不同，就需要选择不同的句式。例如：

①很多游客来西安游览，从东京，从首尔，从纽约，从伦敦，从巴黎，从世界各地。

（失记）

这个句子是把状语放在后边的变式句，目的是为了突出“到西安游览”的外国游客从哪里来。假如把状语放到动词“来”的前边，改为常式句，表达的侧重点就不那么突出了。

不同的写作目的有时还表现为句子的语气不同。不同的语气，也决定着不同的句式选择。例如：

② 原句：大王，可否容许我申诉？
改句：大王，请容许我申诉！

（郭沫若《屈原》）

上面两句话的基本意思相同，但语气不同。原句是疑问句，带商量的口气，比较舒缓；改句是祈使句，带请求的口气，比较坚决，更能够表达屈原深受冤屈、迫切要求申诉的心愿。又如“这事情我是知道的”表示肯定的语气，要加重肯定的语气，可用反问句“这事情我能不知道吗？”如果说得委婉一些，则可用双重否定句“这事情我不是不知道的”。

有人播讲《说岳全传》，讲到奸臣张邦昌假托圣旨，把岳飞从抗金前线召回京城，骗进宫中。岳飞参见宋高宗，被诬陷行刺皇帝，五花大绑，正要拉出去斩首。讲到这里，讲解员说：“岳飞有没有危险呢？明天再讲。”岳飞被绑出去斩首，已经十分危险了，怎么还问“岳飞有没有危险”呢？可见，这一句式并没有很好地对应说写的意图。倘若说成“岳飞有没有生命危险呢？”虽然点出了“生命”危险，但强调得还不够。若是换成“岳飞生死如何呢？”便合乎说写者的意图了。

有这样一组句子：

③ 四日上午，在儿童游乐场里，孩子们玩得兴高采烈。突然，浪桥“砰”的一声掉在地上。浪桥上的十多个孩子吓了一跳。家长们赶紧抱走各自的小孩。事后查看，原来这是悬吊浪桥的一根铁条与铁环衔接不牢所造成的险象。

最后一句去掉修饰成分，主干为“事后查看，这是……险象”。上文提到浪桥掉在地上，孩子给吓走了。这已经说明是险象了，何必查看之后，才告诉人家这是险象呢？显然这后一句在句式选择上与说写目的不对应。要是改变成“事后查看，这一险象是悬吊浪桥的一根铁条与铁环衔接不牢所造成的”，着重说明险象造成的原因，就切合说写意图了。

二、适应行文递接

在文章中，任何一个句子都是受上下文制约的。因此，选择同义句式，还要考虑到上下文之间的递接关系。如果前头的句式定下来，接下去的句式就要与之相适应，要是后面的句式在结构上改变了，前面的句式也往往要随之调整。这样才能使得前后语句衔接自然，文气贯通。比如起句是“这个村子有平地，也有山坡”，接下去说“地里种满庄稼，山上绿树成林”便很顺畅。如果起句是“这个村子农林并重，全面发展”，接下去用“地里种满庄稼，山上绿树成林”便显得不协调了。因为前面提到“农林并重”，后面就要告诉人家“农”怎么样、“林”怎么样。这样，后面说成“庄稼遍地，绿树满山”便自然了。

我们看看修改作品时是怎样根据上下文的递接关系去调整句式的：

① 原句：空旷的原野，你们以为是野蛮人居住的地方。葱绿的树林里，你们说藏着老虎。

改句：空旷的原野，你们以为是野蛮人居住的地方。葱绿的树林，你们说里边藏着老虎。

（叶圣陶《啼声》）

② 原句：苏东坡写过这样的诗句："日啖荔枝三百颗，不辞长作岭南人。"可见荔枝的妙处。偏偏我来的不是时候，满树刚开着浅黄色的小花，并不出众。新发的嫩叶，颜色淡红，比花倒还中看些。从开花到果子成熟，大约得三个月，看来我是等不及在从化温泉吃鲜荔枝了。

改句：……偏偏我来得不是时候，荔枝刚开花。满树浅黄色的小花，并不出众。……

（杨朔《荔枝蜜》）

例①"葱绿的树林里，你们说藏着老虎"与"葱绿的树林，你们说里边藏着老虎"意思没有什么不同，定稿时如此调整句式，是为了顺接上文，与前一句组成整齐匀称的句法结构。例②上文说"偏偏我来的不是时候"，接下去读者很想知道为什么说来得不是时候，当时是什么样的时候，可是下文却转到描写荔枝树的花叶去了。虽然后头也点出等不及吃鲜荔枝了，却未免接得不够紧凑，所以修改时在句式上做了调整。

紧接着，“偏偏我来得不是时候”，便将下面“刚开花”的意思移上来，点明“荔枝刚开花”，接下去才写荔枝的花叶。这样调整句式，基本意思未变，却使上下文递接得自然顺畅。

在选择句式的时候，假若不注意上下文之间的递接关系，不仅文气不太贯通，有时还会产生歧义。例如：

③ 省歌舞团来我们学校演出，我们不仅看到了他们的精彩表演，还使大家得到了美的享受。

④ 这首题名为“献给保卫列宁格勒英雄战士”的交响曲，是作者在列宁格勒城区被希特勒法西斯军队围困，并疯狂地叫嚣要在 1942 年 8 月 9 日这一天占领这座城市的时候赶写的。

例③第二分句的主语是“我们”，第三分句的主语承前句省略“他们的精彩表演”，而其在前一分句中却处于宾语的位置，这样便接得不自然了。第三分句改成“还得到了美的享受”，让主语“我们”承前句省略，便顺当了。例④“列宁格勒城区被希特勒法西斯军队围困”是被动句，与“并疯狂地叫嚣……”的主动句极不协调，还可能产生“作者……叫嚣”的歧义。虽则被动句有表现不希望发生这种情况的作用，但从上下文的联系来考虑，还是用主动句为妥。全句可改成“……交响曲，是作者在希特勒法西斯军队围困列宁格勒城区，并疯狂地叫嚣要在 1942 年 8 月 9 日这一天占领这座城市的时候赶写的”。

三、切合语体特点

各种不同的语体，在语言运用上都有它们自己的特点。句式的选用，必须切合语体特点，才能收到好的修辞效果。

一般来说，讲课、报告、演说等口语表达要求多用短句，书面表达多用长句。文艺语体多用短句、松句，政论语体多用长句、紧句和散句，科技语体多用长句、紧句，公文语体以短句为主，常夹杂些文言句。例如：

① 现在是在战争的时期，我们应该研究一下文章怎样写得短些，写得精粹些。延安虽然还没有战争，但军队天天在前方打仗，后方也唤工作忙，文章太长了，有谁来看呢？有些同志在前方也喜欢写长报告。他们辛辛苦苦地写了，送来了，其目的是要我们看的。可是怎么敢看呢？长而空不好，短而空就好么？也不好。我们应当禁绝一切空话。

（毛泽东《反对党八股》）

② 真好！朋友送我一对珍珠鸟。放在一个简易的竹条编成的笼子里，笼内还有一卷干草，那是小鸟舒适又温暖的巢。

（冯骥才《珍珠鸟》）

③ 我们纪念台湾光复60周年，就是要告诉人们：中国人民遭受侵略、割地赔款的屈辱历史再也不能重演，维护国家主权和领土完整，实现中华民族伟大复兴，是

全体中华儿女的光荣使命和神圣职责。

（《让历史昭示未来》，

《人民日报》2005年10月25日第1版）

④ 在文字识别的图形重合法中，采用“距离量度”比较有效。为了便于选择特征，可以规定一个统计性质的距离量度，用来测定各类字符模式之间的“类间距离”，和同一类字符内各模式之间的“类内距离”。这些量度的规定，取决于错误识别率的上限与下限。

（陈明远《语言文字的信息处理》）

例①是口语语体中的演讲体，例②是文艺语体，两例都是用短句。例③是政论语体，例④是科技语体，两例都是用长句。

在句子同义形式中，有些表现为语体色彩的不同，分别适用于不同的语体。比如在科技论文中出现“氯化钠”是得体的，到商店买盐时说“买氯化钠”就不合适了，因为“氯化钠”是专业术语，适应科技语体，不适用于口语语体。又如“太阳出来了”，这是通常的说法，如果用于文学作品，则可以说成“一轮红日从东方冉冉升起”。再如当不愿回答对方提出的问题时，通常用“我不想回答你的问题”，而在外交语体中则习惯说“无可奉告”。

下面这个句子就不符合语体的要求：

⑤ 柜台里站着一个穿着鲜红色的工作服、面带微笑的营业员。

这是个带长修饰语的单句，不宜用来记叙。可改用由几个分句组成的复句：

⑥ 柜台里站着一个营业员，她穿着鲜红色的工作服，面带微笑。

四、依从声韵协调

在文艺语体中，特别是在诗歌、快板、唱词中，需要讲求声韵的协调，以增强语言的音乐美。为了迁就声音的平仄和押韵，有时就要在句式的选择上斟酌考虑。当选择同义词语还不能满足平仄和押韵的要求时，往往要在句式上予以调整，从表达同一意思的同义句式中做出恰当的选择。例如：

① 早晨好，我的北京的街道！
街道上的行人，车辆，早晨好！

（何其芳《北京的早晨》）

② 杜甫川唱来柳林铺笑，
红旗飘飘把手招。

（贺敬之《回延安》）

例①没有选用整句“早晨好，我的北京的街道！早晨好，街道上的行人、车辆！”而选用散句，就是为了让句末的“道”“好”押韵，增加音乐美。例②中的第二句按通常的说法是

“红旗飘飘像招手”，但“笑”与“手”不能押韵，为了迁就韵脚，就选用了“红旗飘飘把手招”这个变式句，让“笑”与句末的“招”同韵。在诗歌或唱词中，出于押韵的需要，是允许用这类变式句的。当然，也不能为适应声韵的要求，随便变动句子成分的次序，以致影响语法的规范性。这一点，在句子变式时要加以注意。

第二节　语序的常与变

唐代诗人李涉写了这样一首诗：

①终日昏昏醉梦间，
忽闻春尽强登山。
因过竹院逢僧话，
偷得浮生半日闲。

（李涉《题鹤林寺僧舍》）

宋代有位诗人把这首诗的语序调换了一下：

②偷得浮生半日闲，
忽闻春尽强登山。
因过竹院逢僧话，
终日昏昏醉梦间。

这样一改，意义就大不一样了。

汉语的句式从语序上看有常式句和变式句。常式句通常是主语在前，谓语在后；修饰语在前，中心语在后；偏句在前，正句在后。变式句的语序正好与常式句相反。常式句和变式句具有相对的意义，运用时各有所宜，只要用得恰当，都可以收到好的表达效果。一般说来，常式句自然平实，语势和缓，多用于一般的叙述、描写、议论，也可用于表达祈求和感叹的语气，适用于各类语体。变式句有突出、强调的作用，常给人以奇巧之感。文艺语体，特别是其中的诗歌、唱词和抒情散文，经常采用变式句，政论语体有时也用到变式句，而在专门的科技语体中则很少看到这种句式，公文语体则是排斥这种句式的。我们应根据不同的表达需要，恰当地选用常式句和变式句。变式句主要有三种表现形式。

一、主语和谓语语序的改变

主谓句，一般是主前谓后，但在感叹句或疑问句中，主语、谓语的次序允许有变动。这种变动，有时是为了强调谓语，有时是为了反映紧急的情况、表达说话人兴奋紧张的情绪，有时是为了其他的修辞目的。例如：

① 起来，饥寒交迫的奴隶！
起来，全世界受苦的人！

（欧仁·鲍狄埃作词《国际歌》）

② 多好啊，生活！多美啊，爱情！

（谌容《人到中年》）

③ 水生追回那个纸盒，一只手高高举起，一只手用力拍打着水，好使自己不沉下去。对着荷花淀吆喝：

“出来吧，你们！”

好像带有很大的气。

（孙犁《荷花淀》）

④ 正在这时候，一个便衣莽汉闯到了大门口。

“干嘛的，你？”李大个子把他拦住。

（周立波《湘江一夜》）

⑤ 灭了，

风中的蜡；

僵了，

井底的蛙；

倒了，

泥塑的菩萨。

（郭小川《大风雪歌》）

例①是《国际歌》的歌词。“起来”埋葬旧世界，“起来”做新世界的主人！这是《国际歌》的主题。为了突出这首歌的重点、强调“起来”，作词人采用了主谓倒置的句式，显得十分有力，充满了战斗性，使歌曲拥有了号召、鼓舞的力量。例②主谓倒置后，强调了对美好生活的向往，对甜美爱情的颂扬。例③谓语“出来吧”之后补上主语“你们”，体现了水生当时不满的情绪。例④叙述莽汉突然闯到门口，李大个子不明来意，急忙问个明白，所以冲口而出“干嘛的”，然后才补出主语“你”。例⑤的三个分句都先出现谓语，后出现主语，既强调了谓语，又照顾到押韵，收到双重的修辞效果。

谓语放在主语前边，说的时候，当中往往有个停顿，写下来则用逗号表示。谓语很简短才有移到主语前边的可能，长而复杂的谓语一般是不前移的。这种主谓倒装的句式在诗歌、唱词或者抒情散文中比较多见，在其他文体中不常见到。

二、修饰语和中心语语序的改变

修饰语包含定语和状语，跟中心语相对。常式句是修饰语在中心语前面，侧重于中心语；变式句将修饰语变位于中心语之后或主语之前，则强调了修饰语。例如“前面开过来一辆带警笛的汽车”，语意侧重于“汽车”，如果说成“前面开过来一辆汽车，带警笛的”，则是强调了这辆汽车的特点。修饰语和中心语语序的改变主要有三种表现形式。

（一）定语后置

定语可用于描绘事物和动作的性状，因而在文艺语体中，为了突出事物和动作的性状、加深给读者的印象，有时要把定语变位于中心语之后。例如：

① 无数双眼睛——黝黑的、碧蓝的、金黄的，同时辐集到那条手臂上，各种语言发出同声惊叹！

（理由《扬眉剑出鞘》）

② 她一手提着竹篮，内中一个破碗，空的；一手拄着一支比她更长的竹竿，下端开了裂；她分明已经纯乎

是一个乞丐了。

（鲁迅《祝福》）

③ 你要是胆敢迈腿过河跑到对岸，我输你大洋八百块。

（肖克凡《天津赌事》）

④ 我失骄杨君失柳，
杨柳轻飏直上重霄九。
问讯吴刚何所有，
吴刚捧出桂花酒。

（毛泽东《蝶恋花·答李淑一》）

例①采用先中心语后定语的变式语序，把“眼睛”的定语“黝黑的、碧蓝的、金黄的”后置，突出强调了注视着“手臂”的“眼睛”，不仅是“无数双”，而且还是不同种族的人们不同颜色的眼睛，同下文的“各种语言”紧密呼应，反映了人们虽然语言不同，肤色不同，但心是相通的。例②常式句是“她一手提着竹篮，内中一个空的破碗”。但作者为了强调祥林嫂沦为乞丐的悲惨命运，使定语“空的”后置，栩栩如生地刻画出了祥林嫂的乞丐形象。一个要饭的破碗还是“空的”，这真是作者的匠心安排，以奇特的句式表达了极为丰富的内容。例③的“八百块”是“大洋”的定语。定语倒置在后边，起到补充说明的作用，同时，所表示的数量也显得突出，引人注意。例④的“重霄九”实际是“九重霄”，“九”倒置后和“柳”“酒”押韵，使这首词韵律和谐。

以上所说的是定语后置，是为了突出强调、补充说明、合辙押韵，同时能使语句精练，使节奏明快，但后置时必须表意清楚，不能造成语言混乱。例如：

⑤ 试看山花烂漫开遍了辽阔的大地！

例⑤把定语“烂漫”后置于中心语“山花”之后，造成结构混乱，应该为“烂漫山花”。

（二）状语前置

状语一般是在谓语中心语之前、主语之后，但是为了表达的需要可以变动这个语序。有时为了强调动作、行为的时间、处所等，往往把状语移至主语之前，使它的位置特殊化。例如：

⑥ 在两个局长争着申诉的时候，老农身边的小男孩嘻嘻地笑着想说什么，老农的大手在他小脑瓜上一捏，他终于没有吭声儿。

（孟伟哉《种瓜》）

⑦ 每天天刚亮时，我母亲便把我喊醒，叫我披衣坐起。

（胡适《我的母亲》）

⑧ 在我的眼前，那昏黄淡到成为一片灰黑。

（巴金《撇弃》）

⑨ 偏我这个闺女又给嫁到外村去了，我真舍不得。

（失记）

⑩ 难道他真的能离开了斗争，安心修养么？

（靳以《一片月桂叶》）

例⑥和例⑦把时间状语“在两个局长争着申诉的时候”和“每天天刚亮时”移到句首，作句首状语，强调了时间。例⑧把处所状语“在我的眼前”移到句首，起到了强调作用。例⑨和例⑩把副词“偏”“难道”放置在主语前面，加强了语气。

（三）状语后置

状语后置有时是为了突出，有时则是结构需要。例如：

⑪ 当她第一次看完许宁回来以后，真是高兴得很——为她自己，也为许宁。

（杨沫《青春之歌》）

⑫ 然而现在呢，只有寂静和空虚依旧，子君却决不再来了，而且永远，永远地！……

（鲁迅《伤逝》）

例⑪ 把状语“为她自己，也为许宁”变位于谓语中心语“高兴”之后，是强调为谁而高兴。例⑫ 不用常式句“子君却永远永远地决不再来”，而用变式句“子君却决不再来了，而且永远，永远地”，是突出子君的不幸逝去，增添了惋惜的气氛。

状语后置，除了突出自身之外，还有结构上的需要。例如：

⑬ 老人背部的佝偻不是无因的，它载负着人生过重的苦痛，为灰茫茫的生活，为失踪的儿媳，为战死的儿子……

（碧野《灯笼哨》）

⑭ 落下来了，落下来了，
从灰蒙蒙的天上，
从沉甸甸的云里，
我，落下来了。

（叶永烈《雪花篇》）

例⑬若按常式写成“老人……它为灰茫茫的生活，为失踪的儿媳，为战死的儿子载负着人生过重的苦痛”，便显得状语过长，给人以拖沓之感。为了避免长状语放在谓语中心语“载负”之前，也为了强调“载负着人生过重的苦痛”的原因，所以将“为灰茫茫的生活……为战死的儿子”后置了。例⑭中处所状语“从灰蒙蒙的天上，从沉甸甸的云里”后置，既为了突出“雪花”来的地方，也为了配合诗句结构的错综安排。若按常式把状语前置，则连用三处“落下来了”颇显累赘。

有时为了押韵，也可以把状语放在后边。例如：

⑮ 杨家岭下，
沐东风，
承继光荣传统。
革命红旗映朝日，
暖风吹从窑洞。

（郭沫若《忆延安大学》）

上例中常式句是“暖风从窑洞吹”，为和“统”押韵，诗人将状语后置，同时也强调了“窑洞”——当时毛主席和老一辈革命家在窑洞里指挥着中国革命，这是真理传播的地方。

为了达到修辞的目的，有的形容词会被放在主语之前，这样就使句子发生结构变化，此时它们就不再是状语，而是定语了。例如：

⑯ 极快的他想出个道理来：炮声是由南边来的。

（老舍《骆驼祥子》）

“极快”本来是“想”的状语，放在主语“他”的前面就成了定语。这样，就对主语进行了修饰和限制。此种情况出现不多，算作特例。

三、偏句和正句语序的改变

在转折、因果、条件、假设、目的等关系的偏正复句中，偏句和正句相对。按常式是偏句在前，正句在后，语意的侧重点在正句。如果把偏句移位于正句之后，就有强调偏句的作用。因而在说明或推理中，如果要强调理由、条件、目的等，往往把偏句移至正句之后。例如：

① 他的性格，在我的眼里和心里是伟大的，虽然他的姓名并不为许多人所知道。

（鲁迅《藤野先生》）

② 独有稻草人听得出，因为她听惯了夜间的一切

微声。

（叶圣陶《稻草人》）

例①是变式转折复句，正句提前，突出强调了鲁迅对藤野先生的无限敬重和深切怀念之情，偏句移在后边，也有明显的强调和补充作用。例②是变式因果复句，强调“稻草人”之所以能听得出那种低细而断续，又充满哀伤的声音，是因为“她听惯了夜间的一切微声”。

也有为了上下文的连贯改变偏句和正句语序的。例如：

③ 这到底只是十来岁的孩子呢，却已被传统所埋葬；我们所日夜想望着的“赤子之心”，世界之世界，眼见得在正来的一代，还是毫无信息的！这是你的损失，我的损失，他的损失，世界的损失；虽然是怎样渺小的一个孩子。

（朱自清《白种人》）

作者写一个十来岁的孩子向中国人发出种族歧视的凶狠目光，发出无限感慨。文中把转折关系的偏句“虽然是怎样渺小的一个孩子”放在句末，既有强调作用，也与上下文的连贯有关。把“这是你的损失……世界的损失”前置，便于接续上文；如果把偏句放在正句之前，上下文就脱节了。

总而言之，汉语的语序不同，表达作用也不同，因此要根据不同的表达需要来恰当地选用。但是，不论是用常式句，还是用变式句，都必须做到表意清晰，避免语言混乱。下边这个句子是有语病的：

④ 由于工作忙，我们彩排时，田老没有来。

例④两个分句的次序摆得不对。究竟是谁工作忙呢？这里容易误认为“我们”，但其实是指“田老”，因此全句可改为“我们彩排时，田老由于工作忙没有来”。

第三节　形体的长与短

汉语的句式，从形体上看，有长有短。长句形体长，词的数目多，结构比较复杂。因此，长句内涵丰富，便于周密详尽地阐述事理、准确明晰地说明问题、委婉细腻或气势磅礴地抒发感情、绘声绘色地描述事物。长句较适用于政论语体和科技语体。有时也适用于文艺语体去描绘景物或抒发深厚细腻的感情。短句形体短，词的数目少，结构比较简单。因此，短句便于抒发激越的感情、表达急促的语气、描写紧张的场面。短句较多运用于日常谈话、辩论、广播、儿童文学、诗歌以及小说中的人物对话等。

一、长句

长句一般有四种表现形式：一是修饰语多，二是联合成分多，三是某一成分结构复杂，四是分句中结构层次多。

例如：

① 作为一支蜡烛，在点燃自己照亮别人的时候；作为一条渡船，在将学生渡到知识海洋彼岸的时候；作为一架人梯，在学生踩在自己的肩上去摘取科学顶端珠宝的时候；作为一块铺路石，在感到人们从自己铺设的坦途上行进的时候，心中的欢愉是很难用语言表达出来的。

（李广田《任重道远“一帆不顺”》）

② 我们的时代，我们的社会，是树立崇高理想和实现崇高理想的最好时代和社会。

（陶铸《崇高的理想》）

③ 当然，那时候，也有一部分学生和教师，把推翻反动派的统治，建立一个富强独立的新中国，以至于实现共产主义作为自己的理想的。

（陶铸《崇高的理想》）

④ 拉车的人们，只要今天还不至于挨饿，就懒得去张罗买卖：有的把车放在有些阴凉的地方，支起车棚，坐在车上打盹；有的钻进小茶馆去喝茶；有的根本没拉出车来，只到街上看看有没有出车的可能。

（老舍《骆驼祥子》）

以上四例都是长句。长句可以是单句，也可以是复句。例①是个长单句，它的状语是由复句形式的排比句式构成的，既气势磅礴又周密详尽地表达了自己作为一名教师的“只可意会，不可言传”的强烈感情。例②是个长单句，它的主语、宾语和定语都是联合短语。例③是个长单句，它的状语是“把推翻反动派的统治，建立一个富强独立的新中国，以至于实现共产主义”，结构比较复杂。例④是一个表示条件关系的复句，前一个分句表示条件，后面的分句表示这个条件产生的结果，其中后六个分句，从三个不同方面详尽地叙述了“拉车的人们”只要不挨饿就“懒得去张罗买卖”的事实。这样组织起来的长句可以把相互关联的事物连缀起来，一气说出，表达周密，气势畅达。

二、短句

短句结构简单，语法关系明确，短小精悍，生动活泼，明白易懂，常用于简单明了的叙述和景物描写之中，如实地记录口语，表达紧张激动的情绪和坚决肯定的语气。例如：

① 我用铺盖蒙住脸。我真想大叫两声。我快要给憋死了。“我到哪里去找她?!”我连声追问自己。于是我又回到华东医院的病房。耳边仍是早已习惯的耳鸣。

（巴金《再忆萧珊》）

② 船跃过了江流汹涌的江面。船逆着江流，前进着，向江水作出有力的搏击。船又跃过一段江程了。江却掀起一股骇异的怒涛。

（田一文《江之歌》）

③ 鲁大海：（拿过去读）什么？他们又上工了。（放下电报）不会，不会。

（曹禺《雷雨》）

④ 今天，这里有没有特务？你站出来，是好汉的站出来！你出来讲！凭什么要杀死李先生？杀死了人，又不敢承认，还要诬蔑人，说什么“桃色事件”，说什么共产党杀共产党，无耻啊！无耻啊！这是某集团的无耻，恰是李先生的光荣！李先生在昆明被暗杀，是李先生留给昆明的光荣！也是昆明人的光荣！

（闻一多《最后一次的演讲》）

以上四例都是短句。例①全是短单句，用于简单明了的叙述。例②是三个短单句和三个短分句，用于简洁凝练的景物描写。例③是两个短单句和两个短分句，用于人物对话。例④是演讲词，全是明快而生动的短句。短句包含的成分比较简单，在表达上生动活泼，明快有力，能提高修辞效果。

三、长短句连用

长句和短句各有自己的表达作用，只要用得恰当，都可以收到良好的效果。一般来说，长句多用于书面语，短句多用于口语。而在一篇文章中，全用短句或全用长句的情形是不多的。一般是长短交错，富于变化。总的要求是长要长得清晰，短要短得自然。不过，就汉语的表达习惯来看，还是以短句为主，间或用点长句。即便是长句，也宜在句中多一些停顿，做到虽长而不觉其长。郭沫若曾指出用短句的好处：“根据我自己的经验，大体上句子不宜太长，段节也不宜太长。”“要是句子短些，章节短些，文章就生动活泼。”（《关于文风问题答〈新观察〉记者问》）赵树理也说过：“句子长了人家听起来捏不到一块儿，何妨简短些多说几句；‘鸡叫’‘狗咬’本来很习惯，何必写成‘鸡在叫’‘狗在咬’呢?”（《也算经验》）事实上，句子一长，各个成分之间的关系不容易弄清楚，整句话的意思也就不好把握了。一般人易出现的问题是不该用长句的地方用了长句，给人臃肿拖沓的感觉。

长短句并用的情况大体可分为四种：第一，长句短句交替运用；第二，先用长句叙述，后用短句小结；第三，先用短句简要说出，再用长句加以申述；第四，开头用短句简要地总提一下，接着用长句申述，最后再用短句总括。例如：

① 大金帅苹果则金光闪闪，闪烁着一片黄橙橙的颜色；山楂树上缀满了一颗颗红玛瑙似的红果；葡萄呢，就更加绚丽多彩，那种叫“水晶”的，长得长长的，绿绿的，晶莹透明，真像是用水晶和玉石雕刻出来似的；而那种叫作红玫瑰的，则紫中带亮，圆润可爱，活像一串串紫色的珍珠。……

哦！好一派迷人的秋色啊！

我喜欢这绚丽灿烂的秋色，因为它表示着成熟、昌盛和繁荣，也意味着愉快、欢乐和富强。

（峻青《秋色赋》）

② 雨住了，太阳出来了，云彩在山尖轻轻飘荡；风，失去了雨前的野性，轻轻地抚摸着草浪；水珠在草尖闪光，像粒粒珍珠在闪耀；朵朵野花，开得那么娇丽；红的似火，黄的似金……呵！多美呀！这雨后的天空，这

雨后的草原！

（钱佩衡《雪莲》）

③ 他们思考着，判断着，探索着，寻找着自己的路……雷锋出现了！他，有如一座光芒万丈的金塔，矗立在共产主义的思想高地；他，有如一支鲜红的路标，高高插在我们生活的十字路口。

（魏巍《路标》）

例①先用长句工笔细描了一幅五彩缤纷的秋景图，把读者带进一个令人陶醉的世界中，接着用一个叹词非主谓句“哦！”和一个名词性非主谓句“好一派迷人的秋色啊！”抒发作者的赞美之情，然后用一个长句议论，点明“秋色”之所以令人陶醉是因为“它表示着成熟、昌盛和繁荣，也意味着愉快、欢乐和富强”。长短句交错使用，波澜起伏，富于变化。例②前面用并列分句描写雨后大自然的美好景色，发挥长句叙述事物、描写景物细微具体的优势，然后用短句抒发感情。这样，长短句并用，浑然一体，既细微周密，又简洁明快。例③先用并列的短分句简要地表现一种渐进的思索过程，到“雷锋出现了！”感情骤转，有如异军突起，后面用两个并列长句抒发了作者的赞颂之情。这种短句和长句的综合运用，表现了由低到高、由舒缓到激越的思绪变化。

四、运用长句容易出现的问题

短句的句法成分简单而且相互之间关系明显，若有问题容易发现改正，长句往往有一连串复杂的成分，多层关系交织在一起，稍不留意就会出现顾此失彼、搭配不当或多余残缺的语病。例如：

> ① 因此，她在30岁前显露出来的歌唱才华，不是昙花一现，而是随着她实践经验的日益丰富，随着她各方面学识的日益增长，随着她对艺术的日益加深的理解，随着她歌唱技巧的日益完善，她的歌唱愈来愈迸发出旺盛的艺术生命力，愈来愈在听众中留下深刻的印象。
>
> ② 文艺园地呈现出一派万紫千红的景象，各种题材的作品不断涌现，有描写工人生活的《创业》，农民生活的《创业史》，部队生活的《青春》，学校生活的《班主任》，儿童剧《报童之歌》，纪录片《新的长征》，革命历史剧《万水千山》、《八一风暴》等等。

例①是一个并列关系的复句，其基本结构是“歌唱才华，不是……，而是……”。在“而是……”分句里，连用四个“随着……”，介词短语之后，突然转用“她的歌唱”作主语，“歌唱才华”便管不到“而是……”分句，这样“而是……”分句就没有谓语中心。应该删去“她的歌唱”，让前面的“歌唱才华”一贯到底，成为“愈来愈迸发……印象”这两个分句的主语。例②是有三个分句的复句，最后一个分句用了复杂的联合短语充当“有”的宾语。这个联合短语，在逻辑上犯了分类标准不统一的错误，比如前面是说“各种题材的作品”，后面的各种作品就应该从题材方面讲，可是半路上却从“体裁”方面说下去，所以在“儿童剧”前面必须加上“此外还有”四个字。在结构上，“描写”不能管到“儿童剧”“纪录片”“革命历史剧”，应该在“农民”“部队”“学校”前头各加上一个“描写”，同时取消宾语前的“有”字，在《创业》《创业史》《青春》《班主任》前头各插入一个“有”字，变成四个分句。全句就有了六个短分句和最后一个长分句。

五、长句化短的方法

长句与短句各有自己的修辞作用，不能简单地比较优劣，但长句对于初学写作的人来说，较难驾驭。有些长句子读起来也很费力。下面是三种化长句为短句的方法。

（一）分散法

有些长句修饰语长而复杂，读起来吃力，可以化整为零，把修饰语抽出来，变为复句里的分句，或者使之独自成为单句，缩短互相关联的两个成分之间的距离，让中心语与前边的相关成分直接搭配。以下的改句是用分散法变短的句子：

①原句：在牧场上，经常可以看到一个骑着枣红马，穿着蓝色蒙古袍，腰间系着一根绿腰带，身上背着红十字药包的青年。

改句：在牧场上经常可以看到一个青年，他骑着枣红马，穿着蓝色蒙古袍，腰间系着一根绿腰带，肩上挂着红十字药包。

（二）反复法

有些长句包含着较长的联合短语，层次也不清晰，对这种长句，可把联合成分拆开，重复跟联合短语相搭配的成分，形成叠用句式。这种方法可以使原来结构层次复杂难以理解的长句变短，脉络层次更清晰，起到突出强调的作用。以下的改句是用反复法变短的句子：

②原句：小说一开始就给读者展现了社会主义新农村欣欣向荣的美丽风光和建设社会主义新农村盖房建屋、战天斗地的动人画面。

改句：小说一开始就给读者展现了社会主义新农村欣欣向荣的美丽风光，展现了农民们为建设社会主义新农村盖房建屋，战天斗地的动人画面。

（三）指称法

有些长句，可以把较长的修饰语或宾语抽出来单列一句，而在原来的位置上用称代词语替换。这样既醒目突出又简洁明快。以下的改句是用指称法变短的句子：

③原句：如果现在不抓紧提高整个中华民族的科学文化水平，造就大批科学技术专门人才，实现现代化的任务就不能完成。

改句：提高整个中华民族的科学文化水平，造就大批科学技术专门人才，这项工作如果现在不抓紧，实现现代化的任务就不能完成。

第四节　结构的整与散

汉语的句式，从韵律结构上看，有整句与散句之分。所谓整句，就是一组句子有这样那样的相似之处，在表意、形体、音响上，都呈现出整齐匀称的美。构造整句的方法主要是适当重复相同的要素，如语素、词语、句式等。所谓散句，就是一组句子结构方式不同，长短不一，灵活多样，具有变化美、自然美。构造散句，要注意词语、句式和上下文之间合乎事物内在的逻辑关系，这种逻辑关系包括时间上的先后、原因和结果对应、主体和客体对应等，它要像一根红线把句子串起来，做到散句不散。整句和散句，是从两个或两个以上的语句的相互联系中显示出来的，孤立的一个分句无所谓整与散。我们还应注意，整句和散句是相对而言的，无绝对的标准。总的来说，整句结构严谨，形式整齐，音节匀称；散句结构自由，形式多样，音节参差。

一、整句

整句结构匀称，声韵和谐，富有气势，适宜于表现严整的语气和奔放的感情，多见于诗歌、散文和唱词之中。例如：

① 比喻你的心胸，
用火山，还是花丛？
火山哟，托着红日；
花丛哟，系着长虹……
不！花丛是滴热血，
火山是只流萤。

（韩美珊《科学家的心胸》）

② 大海，你感受到我痛苦的复活了吗？你感受到我那丢失的海魂已艰难地回归到我的蓝土地和蓝家园了吗？你感受到我身内的书籍已芟去陈腐的语言与陈腐的逻辑了吗？你感受到岸边新月似的眼睛和投射到你身上的新曙般的光芒了吗？

（刘再复《又读沧海》）

例①是用诗歌的形式歌颂科学家的心胸，句式整齐，突出醒目。例②句式也比较整齐匀称，语气连贯，荡人心怀，是对我心灵之海“复活”的歌唱。

二、散句

散句的句式参差不齐，灵活多变，舒卷自如，适宜于行云流水般的叙述，表达急剧变化的感情，因而多用于小说、论文中。例如：

① 只有您，幽静细致，一派斯文，温柔中显露刚强。

（丁玲《诗人应该歌颂您》）

② 在一个炎热的夏天中午，地头树荫下坐着一群歇晌的人们，忽然从大路上老远走过来一个人，大伙挺纳闷：是谁哩，顶着这么毒的日头赶路？

（柯岩《追赶太阳的人》）

③ 同时你的眼睛也许觉得有点倦怠，你对当前的“雄壮”或“伟大”闭了眼，而另一种味儿在你心头潜滋暗长了——“单调”！可不是，单调，有一点儿罢。

（茅盾《白杨礼赞》）

例①是对宋庆龄同志性格和情操的赞颂。这组散句，先短后长，基调徐缓。如果把最后一句改成“刚柔俱备”，变成整句，语调就显得短促，与徐缓的基调和所赞颂的“温柔中显露刚强”的性格，就不大协调。例②是由结构不同的分句组成，第一、二分句是非主谓句，第三分句是主谓句，第四、五分句是省略句。各种句式交错运用，层次起伏变化，显得生动活泼。例③的最后是四个语气不同的散句，既使节奏舒缓，又使文章波澜起伏。

三、整句与散句的交错运用

整句有整句的好处，散句有散句的长处，所以金兆梓说：“偶句之妙在凝重，奇句之长在流利”（《实用国文修辞学》，偶句就是两两对举，结构基本相同的句子，也就是整句，奇句就是结构不同，长短不一的句子，也就是散句），但是它们也各有所短，“然叠用偶句，其失也单调而板滞；叠用奇句，其失也流转而无骨”。所以，“必也参互错综而用之，则气振而骨植，且无单调之病，而有变化之妙”。

整句和散句各有自己的适用范围。什么时候用整句，什么时候用散句，主要取决于内容和上下文的需要。但是就整篇文章而言，不可没有整句，也不可没有散句。宋人李塗说：“文字须有数行齐整处，须有数行不齐整处。”（《文章精义》）如果全篇都用整句，就会单调、呆板，甚至显得做作。六朝时候的四六对偶骈体文就有这个问题。如果全篇都用散句，就会影响到话语的气势，甚至会显得散乱而不成整体。整句和散句的使用，各有其表达的需要。一般情况下，整句和散句宜交错运用，整散结合，显出错综之美。例如：

① 燕子去了，有再来的时候；杨柳枯了，有再青的时候；桃花谢了，有再开的时候。但是，聪明的，你告诉我，我们的日子为什么一去不复返呢？

（朱自清《匆匆》）

② 凉秋八月，天气分外清爽。我有时爱坐在海边礁石上，望着潮涨潮落，云起云飞。月亮圆的时候，正涨大潮。瞧那茫茫无边的大海上，滚滚滔滔，一浪高似一浪，撞到礁石上，唰地卷起几丈高的雪浪花，猛力冲激着海边的礁石。那礁石满身都是深沟浅窝，坑坑坎坎的，倒像是块柔软的面团，不知叫谁捏弄成这种怪模怪样。

（杨朔《雪浪花》）

③ 这是人类的祖先，这也是人类的希望。那时候的人要爱就爱，要恨就恨，要哭就哭，要喊就喊，不怕死，

也不怕生。他们整年尽着自己的性情，自由地活着，没有礼教来拘束，没有文明来捆绑，没有虚伪，没有欺诈，没有阴险，没有陷害……而他们是非常快活的。

（曹禺《北京人》）

例①以整句为主，但最后一句用了散句，使得语句整中有散，显出变化来。前面三个并列的整句使得节奏加快，语势渐急，后面用一个散句收尾，又使得节奏减慢，语势平缓。例②就整体看用的是散句，但其中“潮涨潮落，云起云飞”都是对仗工整、平仄协调的整句，也表现出句式的变化来。例③先用整句，然后用散句，接着又用整句，最后用散句。这样整散句式交错运用，波澜起伏，抑扬顿挫，有力地表现了丰富复杂的思想感情。

初学写作的人，往往片面追求语言的整齐美，喜欢多用整句，而不愿意在散句上多下功夫，忽视了语言的变化美，这是应该注意的。整句和散句如何运用，大有讲究，因而也不是任何语言环境、任何语言体式都可以用整句的。比如公文语体就很少用整句。我们应该根据表达的需要选用：该整则整，该散则散，整散掩映交错。防止出现生硬地聚散为整或化整为散的形式主义倾向。

第五节　语态的主动与被动

汉语的句式，从语态上看，有主动句和被动句之分。主语是动作行为发出者的句子叫作主动句，主语是动作行为承受者的句子叫作被动句。主动句和被动句可以互相替换，同样一个意思可以用主动句来表述，也可以用被动句来表述，但是，表达的侧重点不同。一般说来，主动句侧重强调动作行为的发出者，被动句侧重强调动作行为的接受者。所以，对基本相同的意思，究竟用主动句还是用被动句来表述，要由说话人的意图来决定。例如：

① 他看完了这本小说。

② 这本小说被他看完了。

这两个句子所表达的意思基本相同，但句式不同，适用的场合不同，表达的效果也不完全相同。例①是主动句，例②是被动句。主动句强调动作行为的发出者，所以把施事放在主要的地位。被动句强调动作行为的接受者，所以把受事放在主要地位，把施事放在次要的地位，有时甚至可以不提施事。平常说话写文章，用主动句的时候比较多，用被动句的时候比较少。但是在下列几种情况中，选用被动句，表达效果会好一些。

一、强调动作接受者须用被动句

为了强调动作行为的接受者，而不必说出，或不愿说出，或无从说出动作行为的发出者时需要用被动句。例如：

① 过了阴历八月十五日，正是秋收时候，县农会主席老杨同志，被分配到第六区来检查督促秋收工作。

（赵树理《李有才板话》）

② 大家接着就预测他将被极刑，家族将被连累。

（鲁迅《范爱农》）

③ 那瀑布从上面冲下，仿佛已被扯成大小的几绺。

（朱自清《绿》）

例①为了强调动作行为的接受者“县农会主席老杨同志”，而动作行为发出者，即分配老杨同志的单位又不必说出，故而采用被动句。这种动作行为发出者不出现的被动句，省了一些不必要的成分，显得比较简洁。例②作者为了强调动作行为的接受者“他”和“家族”，同时不愿说出动作行为的发出者，因此采用被动句，比较含蓄。例③突出了动作行为的接受者“瀑布”，而动作行为的发出者无从说出。

二、为使前后分句主语一致须用被动句

在特定的上下文里，为了使前后分句的主语保持一致、使叙述的重点突出，也宜用被动句。例如：

① 二诸葛老婆追出门来，被二诸葛拦回去，还骂个不休。

（赵树理《小二黑结婚》）

② 他也躲到厨房里，哭着不肯出门，但终于被他父

亲带走了。

（鲁迅《故乡》）

例①有三个分句，第二分句选用被动句，这样就使各分句都以“二诸葛老婆”为主语，叙述方向一致，显得结构紧凑、气势连贯。如果第二分句不用被动句，那就成为：

③ 二诸葛老婆追出门来，二诸葛把她拦了回去，二诸葛老婆还骂个不休。

这样一改，句子就不如原句有气势了。第一分句是从“二诸葛老婆”开始叙述的，第二分句变为以“二诸葛”的角度来叙述，第三分句又回到以“二诸葛老婆”为话题来叙述。这样，叙述的方向变来变去，分句之间的联系也就显得松散了。例②前两个分句主语是“他”，第三个分句用被动句，主语相同，语气连贯。如果改用主动句“闰土父亲终于把他带走了”，前后就显得不连贯，而且多了一个主语“闰土父亲”，也比原句啰唆一些。

三、叙述不如意的事情须用被动句

叙述不如意、不愉快和不希望发生的事情，有时宜采用被动句。

① 发给他用于棉花试验的化肥给别人挪用了；发给他的抽水机具还没有运到就被别人半路劫走了。

（穆青、陆拂为、廖由滨《为了周总理的嘱托……》）

② 同去的杨德群君又想去扶起她，也被击。

（鲁迅《记念刘和珍君》）

例①的两个分句和例②的后一分句都是被动句。如果改用一般的主动句，例①就表达不出不满的意味，例②就表达不出愤怒沉痛的心情。

有时为了使语言结构更匀称，也可选用被动句。例如：

① 自己被人凌虐，但也可以凌虐别人；自己被人吃，但也可以吃别人。

（鲁迅《灯下漫笔》）

② 或者把老虎打死，或者被老虎吃掉，二者必居其一。

（毛泽东《论人民民主专政》）

例①各分句主语相同，主动句与被动句对举，给人整齐匀称、对比鲜明之感。例②“把老虎打死”同“被老虎吃掉”，主动句与被动句对应整齐，达到了很好的修辞效果。

第四章 辞格的运用

第一节 辞格特性

辞格是逐步固定下来的具有动人的表达效果的语辞优化模式，又叫辞式、语格、修辞格、修辞方式。从辞格的定义可以看出，辞格具有三个特性。

一、动人的表达效果

生动性是辞格的生命，语言运用如果没有动人的表达效果，辞格就没有存在的价值。语辞的形、音、义同内容的体验性、具体性相结合，可以表现出语言的形象美、音韵美、形体美，达到超乎寻常的表达效果。设置和运用辞格，在于增加语辞的表现力，使其在准确、简明、通顺的基础上，还具有形象性和生动性，而每一种辞格的运用，都能产生动人的魅力，达到优化语辞的目的。例如：

①太阳终于滴下身上的最后一滴水，跳出海面，越升越高；又变呀变，像一块烧化的铜饼，又像一个软软

的鹅蛋黄。

（周振天《啊，我的太阳》）

② 不拿群众一针一线。

（《中国人民解放军总部关于重行颁布三大纪律八项注意的训令》）

例①若改成“太阳终于从海面上升起来了”，例②若改成“不拿群众的一切财物”，虽然都能准确鲜明地表达语意，但谈不上生动形象。而例①运用了比喻、比拟，例②运用了借代之后，语言陡然生辉，呈现出动人的魅力。这种动人的魅力就是辞格的表达效果。

二、特定的结构模式

辞格的“格”，不是狭义的“格式”之意。它是人们在长期的语言审美活动中逐渐创造、总结出来的定型的语辞优化模式。对辞格进行组织结构方面的分析，可以找出语言运用上的结构规律，举一反三，触类旁通，从而提高语言运用和鉴赏的能力。辞格都有自己特定的模式。例如，比喻的基本模式是“甲乙相似，以乙喻甲”，借代用“甲乙相关，以乙代甲”的模式，夸张用“虚话实说，言过其实”的模式，双关用“表里相联，一语双关”的模式，顶真用“甲—乙，乙—丙，丙—丁……”的模式，回环则用“甲乙丙，丙乙甲”的模式，等等。没有特定的结构模式，即便有特定的表达功能，也不能算辞格。例如幽默和讽刺，虽有特定的表达功能，但无特定的语言结构模式，不能算辞格。可见，有无特定的语言结构模式是区分辞格与非辞格的一个非常重要的标准。

三、稳固性与渐变性

辞格源远流长，早在三千多年前的甲骨文中就产生了。两千多年前，我国第一部诗歌总集《诗经》就成熟地或比较成熟地运用辞格达 27 种之多。例如：

① 手如柔荑，肤如凝脂，领如蝤蛴，齿如瓠犀，螓首蛾眉，巧笑倩兮，美目盼兮。

（《诗经·卫风·硕人》）

② 于以采蘋？南涧之滨。于以采藻？于彼行潦。

（《诗经·召南·采蘋》）

例①前四个分句是明喻，“螓首蛾眉”则是暗喻，这几个比喻就使一个雍容华贵而又美貌出众的贵族妇女的形象跃然纸上。例②通过两个设问的运用，使得行文变化，波澜迭起，也使本来简单的内容、平淡的叙述变得生动活泼了。这些辞格产生甚早，又一直沿用至今，其表达功能经久不衰，表现了辞格的稳固性特征。

但是，随着社会的进步，随着人们运用语言的技能越发娴熟，辞格也在逐步发展。一方面表现在原有辞格的不断完善、丰富，如比喻，就远远不是宋人所归纳的十种类型所能囊括的了。另一方面，新的辞格还在继续产生，如换算、序换、别解、同异、巧缀等都是辞格百花园中绽开的一朵朵鲜丽的新蕾。

辞格不是人们臆造出来的，它是一种复杂的语言现象。每一种辞格的产生都有一定的客观基础，没有客观事物作基础就不会产生相应的辞格。例如，没有比喻的本体和喻体之间相似点的存在，就不可能产生比喻；没有两个事物的相关性，也就不会有借代；没有并列事物的共同点，也就没有排比；没有并列事物的层次性，也就没有层递。

辞格产生的客观基础是第一性的，但是，客观存在的事物，只有通过主观反映，才能形成辞格。例如，懂得展开想象的翅膀对客观存在的事物进行夸大或缩小，便产生了夸张的用法；懂得了巧妙地联系客观存在的相似事物来打比方，便产生了比喻的用法；懂得了用相关的事物来替代，便产生了借代用法。这些用法再经过人们归纳总结，逐步定型为辞格。

了解辞格建立的基础，对于正确运用辞格以及评价某一具体辞格的优劣，都有重要作用。

第二节　描绘类辞格

一、比喻

比喻是用本质不同又有相似点的甲事物描绘或说明乙事物的一种修辞方式，俗称打比方。关于打比方，曾经有这样一个有趣的故事：

> 战国时期有个哲学家叫惠施，他说话时很喜欢用比喻。有人对梁王说："惠施说话喜欢打比方，你要他不打比方，他就什么话也说不出来了。"第二天，梁王见到惠施就说："你以后说话只许直来直去，不要打比方了，怎么样？"惠施听了，非常巧妙地回答说："现在有个人不知道弹弓是什么样子的，你告诉他，弹弓的样子就像弹弓，他能明白吗？"梁王说："当然不明白。"惠施接着说："要是进一步告诉他，弹弓就跟射箭的弓差不多，不过它的弦是用竹子做的。这样他能明白吗？"梁王说："当然明白。"于是，惠施便抓住这个时机解释道："人们说话的时候，总是用别人已经知道的东西说明别人还不知道的，使人家明白，而你却要我不打比方，那怎么行呢？"梁王恍然大悟，笑着说："你说的很有道理！"

上面这个小故事，生动地说明了为什么要用比喻的道理。比喻一般由三个要素构成，被比的事物叫"本体"，用来作比的事物叫"喻体"，连接本体和喻体的词叫"喻词"。

（一）比喻的类型

常用的、最基本的比喻可分为明喻、暗喻、借喻三类。若是稍加变化，比喻还可以有其他的类型。

1. 明喻

明喻是本体与喻体之间关系十分明显的一种比喻类型。

其基本格式是“甲像乙”。这类比喻，本体、喻体、喻词都出现。常用的喻词有“像”“如”“好像”“如同”“仿佛”“好比”“像……一样”“如……一般”“仿佛……似的”“……一样”“……似的”等。例如：

①（鹿子霖）满头的灰色头发像丢弃的破毡片子苫住了耳朵和脖颈。

（陈忠实《白鹿原》）

② 天气很好，月光如透明的流动着的溪水，轻轻地滑过远处的山坡、树影、闪光的池塘和斜斜的小路，一直倾泻到他们的身上。

（竹林《生活的路》）

③ 梁三老汉经受不起这个打击，脸也变灰白了，弯弓似的脊背靠着土墙蹲下去，已经有了几根白头发的脑袋，也耷拉下去了。

（柳青《创业史》）

例①的本体是“灰色头发”，喻体是“破毡片子”，喻词是“像”，用“甲像乙”的格式来表达，把灰色的头发喻成丢弃的破毡片子，就增强了描绘的形象性。例②的本体是“月光”，喻体是“透明的流动着的溪水”，喻词是“如”，用“甲如乙”的格式表达出来，形象生动地说明月光皎洁明亮。例③用“弯弓”来比喻梁三老汉的脊背，喻词是“似的”，简明形象。

2．暗喻

暗喻是本体和喻体之间关系不太明显的一种比喻类型。

它表面看来不像比喻，实际上暗中打了比方。其基本格式是“甲是乙”。喻词常用“是”“就是”“成为”之类。例如：

④ 这种盲目仇恨是一柄双刃宝剑，既容易伤人，也容易伤害自己。

（王继《喷红的地平线》）

⑤ 哪晓得隔不好久，物价飞涨，存下的钱，只够两娘母子回家的路费了，希望变成一股青烟，好梦化成一抹白雾。

（艾芜《都市的忧郁》）

⑥ 临近三官庙，从四面八方通三官庙的大道小路上，人群汇成一股股黑压压的洪流。

（陈忠实《白鹿原》）

例④比喻“盲目仇恨”，不说“像一柄双刃宝剑”，干脆说成“是一柄双刃宝剑”，以“甲是乙”的格式表示，这样表意更直接。例⑤不说“希望像一股青烟”“好梦像一抹白雾”，直接说“变成一股青烟”“化成一抹白雾”，由“甲变（化）成乙”的格式表示。例⑥喻词用了“汇成”。暗喻虽然不用“像”“如”之类的喻词，但实际上比明喻更进一层，本体和喻体的关系更为密切。这种比喻直接说本体就是（或成为）喻体，使二者相似点得到更多的强调。

3．借喻

借喻是借用喻体来代替本体的一种比喻类型。它不用任何喻词，也不说出本体，仅仅出现喻体。它的基本格式是

“乙（喻代）甲”。例如：

⑦ 自从她知道（丈夫包二奶）真相后，一切都改变了。那一刻她大脑死机。

（王海燕《旧词新义与语境翻译》）

⑧ 金融系统“蛀虫”平均年龄不到四十

（《法制晚报》2011年1月27日第B08版标题）

例⑦用喻体“死机”直接喻代“大脑没反应了”这一本体，例⑧用喻体“蛀虫”来喻代“内贼”。这两例都是本体没有出现，直接以喻体代之，同时比喻词也没有出现。

4．较喻

较喻是用对照比较的手法来打比方的一种比喻类型。在较喻中，本体事物和喻体事物不但相似，而且还互相比较，并给出高低权衡后的结果。例如：

⑨ 日出江花红胜火，
春来江水绿如蓝。

（白居易《忆江南》）

⑩ 他那件汗衫已经破烂得和鱼网差不多。

（岑桑《记得当时年纪小》）

⑪ 我们四川还有人用牛粪作燃料，至于那些又臭又长的文章，恐怕连牛粪也不如。

（郭沫若《关于文风问题答〈新观察〉记者问》）

例⑨“红”是本体，和喻体“火”相比较，本体超过了喻体，是较喻中的强喻。例⑩破烂的“汗衫”是本体，它破烂的程度与喻体“鱼网”相比差不多，是较喻中的等喻。例⑪本体事物“又臭又长的文章”和喻体“牛粪”相比较，其结果是本体不如喻体，因而是弱喻。

5．层喻

层喻是层层递进的一种比喻类型，是由两个或两个以上有高低、大小、轻重层次之分的比喻组成。例如：

⑫ 祖国是一座花园，
北方就是园中的腊梅，
小兴安岭是一朵花，
森林就是花中的蕊。

（郭小川《祝酒歌》）

⑬ 祖国好比浩瀚的银河，
我就如同星儿一颗。
这里是那光明的故乡，
有你的光源我才闪烁。

（万磊峰作词《奉献给亲爱的祖国》）

⑭ 如果说这海岛是祖国的眼睛，哨所就该是那亮晶晶的眸子。

（杨朔《黄海日出处》）

例⑫由四个暗喻组成，但这四个暗喻的范围逐层缩小，缩小到最后一个比喻才是层喻的中心。例⑬⑭也是由两个有层次之分的比喻组成。可见，几个有层次之分的比喻连用时，不是为了“壮文势”，而是用前面的比喻来衬托后面的比喻，后面的比喻是建立在前面比喻的基础上的，离开了前面的比喻，后面的比喻就不成立。层喻能够生动形象地逐层描绘事物的形态，逐层深入地揭示事物，使得说理自然，重点突出。

6．互喻

互喻是本体和喻体互相设喻的一种比喻类型，即前一个比喻的本体和喻体，分别是后一个比喻的喻体和本体。互喻是一种回环式的比喻，因此有人把它叫作回喻或环喻。例如：

⑮ 所谓剧场不过是一块草地，
在从前也常有边民来放牛牧羊；
如今却只剩下一圈帐篷似的远山，
再加上一圈远山似的帐篷。

（公刘《琴》）

⑯ 远远的街灯明了，
好像闪着无数的明星。
天上的明星现了，
好像点着无数的街灯。

（郭沫若《天上的市街》）

例⑮先以“帐篷”比喻“远山”，接着又以“远山”比喻“帐篷”。例⑯先用“明星”比喻“街灯”，又用“街灯”比喻“明星”。这两例把比喻寓于回环辞格之中，本体喻体互喻，缠绕系连，趣味盎然。

7. 引喻

引喻是本体和喻体同时出现，它们之间的关系靠平行的句式而非喻词来表现的一种比喻类型。因此，有人叫它并列式比喻。例如：

⑰ 纯真的金子，光泽永不退；
坚持真理的人，信念至死不变。

（格言）

⑱ 林中哪能无弯树，
世上哪有无缺点的人？

（谚语）

⑲ 忠言逆耳利于行，
良药苦口利于病。

（《史记·留侯世家》）

这三例均由两个分句构成，例⑰⑱是上一分句作喻体，下一分句作本体，例⑲是上一分句作本体，下一分句作喻体，三例的喻体和本体均构成平行句式，且没有喻词。引喻音节匀称，结构自由灵活。

8. 反喻

反喻是用否定句构成的一种比喻类型。例如：

⑳ 毛泽东语重心长地对我们说：“杀头不像割韭菜那样，韭菜割了还可以长起来，人头落地就长不拢了。”

（王首道《凛然正气，铮铮铁骨》）

㉑ 生活可不像你做衣服，做一件不合适，扔掉再重做。

（蒋子龙《祝你们幸福》）

反喻的这种变格形式，给人以变化美，让人感到新奇别致，又不落俗套。

9. 迂喻

迂喻是采取迂回转跌的方法，或者否定本体，或者否定喻体的一种比喻类型。例如：

㉒ 北京升起了金太阳，金太阳，
…………
那不是金色的太阳，
那是领袖毛主席，
放出的光芒。

（藏族民歌《北京有个金太阳》）

㉓ 站在高山向西看，
一条白带绕丛山，
不是带，不是带，
原是新开公路上岭来。

（青海民歌《站在高山上》）

这两例先否定喻体“金色的太阳”和“带”，接着肯定本体“毛主席”和“新开公路”，使语言跌宕起伏，迂回曲折，取得了很好的表达效果。

（二）比喻的修辞作用

好的比喻使读者在获得精神上的审美享受之际，还会自然而然地跟随作者想象的翅膀从一个事物之上飞翔到另一事物之上，并且以自己的生活经验去印证补充作者的想象。恰当地运用比喻，可以使深奥的道理浅显化，可以使抽象的概念形象化，可以使平淡的语言生动化。例如：

㉔ 然而伪君子和假小人像蟑螂般令人恶心。大家不愿意出手，怕弄脏了手，犯不着。

（王大智口述、王美祈整理《我跟李敖的忘年交往》）

㉕ 以为艺术是艺术家的“灵感”的爆发，像鼻子发痒的人，只要打出喷嚏来就浑身舒服，一了百了的时候已经过去了，现在想到，而且关心了大众。

（鲁迅《论“旧形式的采用”》）

㉖ 不知道由哪里借来的破留声机，每一个声音都像踩了猫尾巴那么叫得钻心。

（老舍《骆驼祥子》）

例㉔用人尽皆知的“蟑螂”来比喻“伪君子和假小人”的恶心，通俗易懂，深入浅出。例㉕很轻巧地用“鼻子发痒的人，只要打出喷嚏来就浑身舒服，一了百了”来比喻“灵感的爆发”，这就把抽象的概念形象化了。例㉖是说车店老板、虎妞的父亲刘四爷过生日时借的破留声机声音失真，若不用修辞格，就显得平淡。语言大师老舍把它说成“像踩了猫尾巴那么叫得钻心”，比喻得多么生动、多么精彩、多么淋漓尽致啊！

（三）运用比喻应注意的问题

1. 比喻要通俗

运用比喻时，选择喻体应该注意通俗性和明确性。有些人却不注意这一点，往往用一些生僻的喻体，令人费解。例如：

> ㉗ 列车飞也似地奔驰在铁轨上，坐在车厢里通过车门一直可以看到最后一节车厢，好像是克里姆林宫庞大的走廊。

“克里姆林宫”不在我们国家，它的走廊到底是个什么样子，见过的人不多，用它来比喻车厢，叫人难以捉摸，越比喻越糊涂。

2. 比喻要符合民族的传统习惯

各民族对某些事物的属性都有一种传统的看法。以汉族为例，他们对动植物较为传统的看法有：狼——凶狠，狗——忠诚/卑鄙，狐狸——狡猾，柳——纤弱，松柏——坚贞，梅花——高尚。用这些事物做比喻，就要符合这种传统习惯。

3. 比喻要恰当

如果喻体不恰当，就达不到比喻的目的。例如：

㉘ 他生气了，抡起石头般大小的拳头有力挥动着。

用“石头般大小”来比喻“拳头”，不但不能使所表示的概念更为贴切，反而使它显得模糊不清，因为“石头”到底有多大，没有一个相对统一的标准。

4. 比喻要新颖

新颖的比喻是作者对生活的新发现、对艺术的新创造。一般来说，用苹果比喻姑娘的脸，用彩虹比喻桥，用云朵比喻羊群都是可以的，但是用得过多，就给人千篇一律、千人一面的感觉。让我们看看臧克家《我爱新北京》对北京风光的描绘：

㉙ 我爱新北京，我爱
天安门的门楼在朝阳下发红，
我爱白鸽子像小小的帆船，
在碧绿的天海上划行。

作者匠心独运，抓住人们内心的深情，对材料进行提炼加工，用碧海银帆来比喻蓝天白鸽，不但比喻得贴切生动，而且还很新颖。它同前面关于天安门的红色门楼的描绘相映衬，天上人间，五彩缤纷，给北京镀上了一片诗意的光辉。

二、比拟

比拟是把物当作人，或把人当作物，或把甲事物当作乙事物来描写的一种修辞方式。我国著名诗人贺敬之的诗歌

《回延安》中有这样的句子：

①对照过去我认不出了你，
母亲延安换新衣。
②身长翅膀吧脚生云，
再回延安看母亲！

例①的"延安"是无生命的物，但作者却说它"换新衣"，把它写成了有感情、有血肉的人。这种把人以外的事物当作人来写的手法叫拟人。例②中作者希望自己长出翅膀驾上云，将来再回来看望母亲延安，表达了作者对延安的深厚感情。但人是不会长翅膀的，驾云也只有神话传说中的神仙才办得到。这里作者是把人说成了人以外的其他事物。

（一）比拟的类型

从比拟的对象看，比拟可以分为拟人和拟物两类。

1. 拟人

拟人是把物当作人来描写的一种比拟类型，赋予物以人的思想、行为。例如：

③高山顶上修条河，
河水哗哗笑山坡，
昔日在你脚下走，
今日从你头上过。

（湖南韶山灌区民歌）

④ 她不务虚名，
但求实际；
做根扁担，
能挑千万里；
做副箩筐，
能装百斤米。

（郭小川《楠竹歌》）

⑤ 石磨南边，有个猪圈，圈墙残缺，那个爱串门的老母猪，最爱领着她的猪少爷和猪小姐拜访新来的客人。

（王汶石《土屋里的生活》）

例③的“笑”是“取笑”“嘲笑”的意思，是适用于人的动词，这里用到“河水”上了。让河水取笑山坡，跟山坡说话，写得生动有趣。把“哗哗”的流水声看作河水欢乐的笑声，渲染一片欢腾的气氛。后两句是河水“笑”着对山坡说的内容，是人们改造自然、重新安排山河的结果。所以，这里实际上是运用“拟人”来热情赞扬征服自然的建设者们，歌颂当代新愚公。例④用人称代词“她”指代楠竹，表达作者对“不务虚名，但求实际”的楠竹的赞颂爱慕之情。例⑤把人的称谓“少爷”“小姐”用于“猪”，把猪当作人，把话说得很风趣。

2. 拟物

拟物是把人当作物或把一种事物当作另一种事物来描写的一种比拟类型。例如：

⑥ 从前乡里人怕城里人，现在城里人怕乡里人。尤

其是县政府豢养的警察、警备队、差役这班恶狗，他们怕下乡，下乡也不敢再敲诈。

（毛泽东《湖南农民运动考察报告》）

⑦ 自古道："养兵千日，用兵一时。"正当国难当头，夹着尾巴跑啦！老百姓完粮纳税图个甚？还不如多喂几条看家狗哩！

（马烽《刘胡兰传》）

⑧ 他无法统计他失败了多少次。他毫不气馁。他总结失败的教训，把失败接起来，焊上去，作登山用的尼龙绳子和金属梯子。吃一堑，长一智。失败一次，前进一步。失败是成功之母，成功由失败堆垒而成。

（徐迟《哥德巴赫猜想》）

例⑥"豢养"是喂养（牲口）的意思，这里把适用于"物"的词用到"人"上面，鲜明地抒发出作者对当时社会中的"警察、警备队、差役这班恶狗"的憎恨感情。例⑦的"夹着尾巴"是叙述"人"的，但是，"人"是没有尾巴的，尾巴是其他一些动物（如狗、狼）的特征。这里把人当作"物"来说，以抒发感情，增添幽默感。例⑧把抽象的"失败"当作可以"接起来"，可以"焊上去"，可以"堆垒"的具体的"物"来写，增加叙述的形象性、可感性、生动性。

（二）比拟的修辞作用

比拟是人们常用的一种修辞方式，它可以把感情融化在所描写的对象之中，可以把所描写的场面或对象的形状、动作逼真地描摹出来，可以使深刻的道理寓于风趣的故事和语言之中，可以使抽象的事理具体、形象、感人。我们再来体会下面的比拟句：

⑨ 这就是白杨树，西北极普通的一种树，然而决不是平凡的树！它没有婆娑的姿态……但是它却是伟岸，正直，朴质，严肃，也不缺乏温和，更不用提它的坚强不屈与挺拔，它是树中的伟丈夫！

（茅盾《白杨礼赞》）

⑩ 群山肃立，江河挥泪，辽阔的祖国大地沉浸在巨大的悲痛之中。

（《敬爱的周恩来总理永垂不朽》纪录片解说词）

⑪ 而这种“钦差大臣”则是满天飞，几乎到处都有。

（毛泽东《“农村调查”的序言和跋》）

⑫ 十月革命一声炮响，给我们送来了马克思列宁主义。十月革命帮助了全世界的也帮助了中国的先进分子，用无产阶级的宇宙观作为观察国家命运的工具，重新考虑自己的问题。

（毛泽东《论人民民主专政》）

例⑨用“伟岸，正直，朴质，严肃，也不缺乏温和”使白杨树人格化，这是对白杨树象征意义的赞美，借白杨树，歌颂了抗日的人民。这是作者思想感情具体而集中的体现，这是作者情感最好的寄托。例⑩把“群山”“江河”“辽阔的祖国大地”人格化，把全国人民在周恩来总理逝世时的悲痛情景形象地描写了出来。例⑪把“钦差大臣”拟作“满天飞”的鸟禽之类，具体可见，使人们从风趣的语言中得到启示。例⑫用比拟使“十月革命”这一抽象事物具体化，形象地说明了“十月革命”对中国革命的影响。

（三）运用比拟应注意的问题

1. 运用比拟要有真情实感

比拟的运用必须是真情实感的自然流露。这样，才能使人受到感染，否则，就会显得装腔作势，极不协调。例如：

> ⑬ 呼呼的北风给秋雨的合唱伴奏着，无数的雨点儿在大地上跳着轻快的舞。暴风雨一来就是几天，真是令人烦恼。

例⑬的“合唱伴奏着”和“跳着轻快的舞”是令人愉快的事情，同“令人烦恼”的感情不协调。

2. 运用比拟要符合事物的特征

拟人的运用既要使描写对象人格化，又要使它不失去自身的特点。例如贺敬之《回延安》的“红旗飘飘把手招”，说红旗招手符合事物的特征，而说“开学了，我怀着喜悦的心情跨进大学的校门，教学大楼也向我招手致意”就失去了事物的特点而不合适了。

3. 运用比拟要注意语体特点

比拟这一辞格在寓言、童话、诗歌和通俗的科技读物中用得比较多，政论文中也可适当运用，以增强语言的形象性。毛泽东同志在《反对党八股》中写道：“这里叫教条主义休息，有些同志却叫它起床。”这是用了比拟，使得语言幽默形象，富有感染力。而公文事务语体中一般不用比拟，例如：

⑭ 各种农具欢乐地从工厂里奔跑出来，奔向广阔的农村田野，为农业生产贡献自己的力量。

例⑭引自一篇调查报告的初稿，在这样的语体里，用上这样的比拟，就显得不自然、不协调、不恰当了。

（四）比拟与比喻的区分

比拟与比喻都是两种事物相比，但它们有明显的区别：

1. 二者描摹对象不同

在比喻中，本体和喻体都是现实生活存在的；比拟所描摹的是现实生活中不存在的现象。例如：

⑮ 在生活中，有的爱情就像芳香扑鼻、汁水四溢的水果，得到就可以品尝。而那刻骨铭心、深沉含蓄的爱情却犹如一颗核桃，只有砸开坚硬的外壳，才能得到里面成熟的果实。

（陈安荣《独身女子咏叹调》）

⑯ 时间走进了没有窗户的角落，黑沉沉的车轮不断向前滚去。

（淡墨《夜歌》）

例⑮由“爱情”联想到水果、核桃，它们都是现实生活中存在的，这是比喻。例⑯“时间走进……角落”，是现实生活中不存在的现象，这是比拟。

2．本体与拟体/喻体出现情况不同

比拟必须出现本体，比喻的本体不一定出现，但喻体一定出现。例如：

⑰ 春风像醉了，吹破了春云，露出月牙儿与一两对儿春星。

（老舍《月牙儿》）

⑱（祥子瞒着虎妞拉车）一边打着饱嗝一边慢慢往家走。知道家里有个雷等着他呢。

（老舍《骆驼祥子》）

例⑰的“像”不是喻词，“春风”是本体，而没有拟体，“醉了”是把春风人格化，这是比拟，不是比喻。例⑱只出现了喻体“雷”而没有出现本体，是借喻。用“雷”喻虎妞，用以突出虎妞火爆的脾气。

三、借代

借代是不直接说出要说的人或事物，而是“借”与其有密切关系的其他事物来“代”之的一种修辞方式。

（一）借代的类型

可以“借”来“代”之的、有密切关系的事物是多种多样的，所以“借代”的情况比较复杂。

1.“借”所要说的人或事物的特征、标志来“代”所要说的人或事物

① 有时我到北海公园散步，看到一群又一群蹦蹦跳跳的红领巾……

（陶承《祝福青年一代》）

② 魏强顺手推了下怀搂歪把子睡在他身旁的常景春，小声地说：“起！”

（冯志《敌后武工队》）

③ 他端坐在主宾席上，左边是米业巨贾李老板，右边是商界巨头马会长。在这群光头、毡帽、长衫、马褂中间，他有种鹤立鸡群的气度。

（石楠《张玉良传》）

例①用“红领巾”这个明显标志代替少先队员，能突出其形象。例②的“歪把子”是以机枪的特征代替机枪，精练巧妙。例③不直说商业界上层人物，而用他们的特征和标志“光头、毡帽、长衫、马褂”来代替，形象鲜明。

2.“借”具有典型性的人的专名“代”一般人

④ 我熟悉陆文婷们的经历和处境，了解他们肩负的

重担，知道他们生活的艰辛。

（谌容《写给〈人到中年〉的读者》）

⑤ 我惊叹呵，凝望着你
如同凝望着一片大陆；
我庆幸呵，竟自以为是
又一个哥伦布！

（公刘《哀诗魂》）

⑥ 英雄的前辈，
英雄的后代；
千万个雷锋又站起，
一代新人，一代新人接班来！

（贺敬之作词《伟大的祖国》）

例④借专名“陆文婷”加“们”来泛称中年知识分子。例⑤借专名“哥伦布”代替发现新大陆的人。例⑥借专名“雷锋”代替共产主义战士。

3．“借”具体事物“代”抽象的事物

⑦ 在哈瓦那，十几支女篮风云际会，从五日起就要展开一场激战——争夺四张奥运会“入场券”。

（吕会民《宋晓波，站起来！》，
《北京晚报》1984年第26期）

⑧ 马之悦“鬼”着哪，连替中农说几句公道话都是前怕狼后怕虎的，惟恐掉了乌纱帽。

（浩然《艳阳天》）

⑨ 俺是个老脑筋！这工夫俺捉摸过来啦！这年头新事就得新办。

（谷峪《新事新办》）

例⑦用具体的“入场券”代替参加奥运会的资格。例⑧以具体的“乌纱帽”代替抽象的官职。例⑨以具体的“老脑筋”代替抽象的旧思想。

4.“借”事物的部分“代”整体

⑩ 咱们既然在此地驻扎，就不许他们在这一带动百姓一草一木。

（姚雪垠《李自成》）

⑪ 我们都是来自五湖四海，为了一个共同的革命目标，走到一起来了。

（毛泽东《为人民服务》）

⑫ 几千双眼睛都盯着你：看你——穿上英雄的制服，看你——挂上银质奖章。

（李株《这样的战士》）

例⑩借“一草一木”代指包括“一草一木”在内的百姓的所有财物。例⑪的“五湖四海”，具体说，“五湖”是指洞庭湖、鄱阳湖、太湖、洪泽湖、巢湖，“四海”是指东海、南海、黄海、渤海，“五湖四海”在这里代指全国各地。例⑫的“眼睛”是人体的一个部分，用它来代指人。这些都是借部分代整体。

5. “借”结果“代”事情本身

⑬ 桑贵老头按按头上的斗笠，紧紧地系起飘带，他解开光杆大棉袄，露出瘦骨嶙嶙的肋骨，秋风裹着雨点儿吹过来，登时激起鸡皮疙瘩。

（刘绍棠《大青骡子》）

⑭ 警备队、警察、差役，一概敛迹，不敢下乡敲诈。……他们看见农民的梭镖就发抖。

（毛泽东《湖南农民运动考察报告》）

⑮ 孔乙己一到店，所有喝酒的人便都看着他笑。有的叫道，“孔乙己，你脸上又添上新伤疤了！”

（鲁迅《孔乙己》）

例⑬用“登时激起鸡皮疙瘩”代指桑贵老汉在秋风秋雨中浑身发冷。例⑭“发抖”是害怕的结果，借以代害怕。例⑮的“添上新伤疤”是被打的结果。

6. “借”作者“代”著作

⑯ 何况现在不是学的孔夫子，学的是新鲜的国语、历史、地理和自然常识，这些文化课学好了，到处有用。

（毛泽东《整顿党的作风》）

⑰ 在文艺上，除了鲁迅，他们最爱郭沫若和茅盾。

（黄皑《十年札记》）

⑱ 翻译莎士比亚是一个艰巨的工作，需要具备很多

的条件才可以担当。

（曹禺《柔蜜欧与幽丽叶·译者前记》）

以上三例分别用“孔夫子”“鲁迅”“郭沫若”“茅盾”“莎士比亚”代他们所编著的书。

7.“借”材料、工具“代”本体事物

⑲ 程仁感到有一种报复的适意，不觉狞笑道：“你还不走，你们那个老头子已经扣起来了，关在许有武的后院子里，你回家哭去吧。准备准备木料。”

（丁玲《太阳照在桑干河上》）

⑳ 雨来刚到堂屋，见十几把雪亮的刺刀从前门进来。

（管桦《小英雄雨来》）

㉑ 但阿Q这回的回来，却与先前大不同，确乎很值得惊异。天色将黑，他睡眼朦胧的在酒店门前出现了，他走近柜台，从腰间伸出手来，满把是银的和铜的，在柜上一扔……

（鲁迅《阿Q正传》）

例⑲“木料”是做棺材的材料，用来代替“棺材”。例⑳“刺刀”是日本侵略者用以屠杀人民的工具，用来代替手持刺刀的日本兵。例㉑是用质料“银”和“铜”代替钱币。

8.“借”牌号“代”本体事物

㉒ 但我立即又进入另一种烦躁之中，眼前出现越来

越多、越来越强烈的车灯的光柱，不同类型的小汽车围绕着我转，鸣着喇叭，“红旗”、“吉姆”、“奔驰”、“华沙”、“丰田”、“上海”……我像一个杂技演员谢幕那样，几十道光柱照耀着我……

（白桦《一束信札》）

㉓ 洗了家伙，到自己屋中坐下，一气不知道吸了多少根“黄狮子”！

（老舍《骆驼祥子》）

例㉒用“红旗”“吉姆”“奔驰”“华沙”“丰田”“上海”代替这些牌号的汽车。例㉓借“黄狮子”代替这个牌子的香烟。

借代是一种运用广泛的修辞方式，只要本体和借体有相关性都可以构成借代。除了以上列举的，还有一些，例如：

㉔ 已是悬崖百丈冰，犹有花枝俏。

（毛泽东《卜算子·咏梅》）

㉕ 我蘑菇老人，生在老爷岭，长在老爷岭，吃着老爷岭，穿着老爷岭，我的两只腿踏遍了老爷岭。

（曲波《林海雪原》）

上两例借处所代物品。例㉔用“花枝”代梅花，例㉕用“吃着老爷岭，穿着老爷岭”两个“老爷岭”代替老爷岭生产的物品。

（二）借代的修辞作用

借代这种修辞方式，使描写对象更形象生动，使某种特征更加鲜明突出，还可以使文章简练含蓄，给人留下回味的余地。例如：

㉖ 九嶷山上白云飞，
帝子乘风下翠微。

（毛泽东《答友人》）

㉗ 去年今日此门中，
人面桃花相映红。

（崔护《题都城南庄》）

㉘ 垒起七星灶，
铜壶煮三江，
摆开八仙桌，
招待十六方。

（京剧《沙家浜》唱词）

例㉖“翠微”就是九嶷山的代称，使人好像看到了一座颜色无比青葱翠绿的九嶷山。白云与青山互相映衬，两个仙女乘着清风翩翩飞下山峦，犹如一幅美丽动人的水彩画，从中表现了作者对现实生活的热爱。如果诗中只说九嶷山，就显得笼统抽象，唤不起人们的形象记忆，诗味索然。例㉗一门之中，只有“人面”与“桃花”交相辉映——真好像一幅放大了的摄影作品镶在镜框里。“人面”是女子的代称，因有桃花对举作比，决不至于误解为男人。不难想象，堪与桃花媲美的“人面”一定是非常出色的，而这正是作者所要突出强调的主要特征。例㉘用“三江”代指茶水，用“十六方”代指各地来的客人。两个数字都不是实指，前者说用水之多，后者言来客之广，意在表明，阿庆嫂经营茶馆不止一天，接待的顾客也不止来自一处，但是，她都天天如此，一视同仁，并不重此轻彼，以此来掩饰她对人民子弟兵的热爱和对日、蒋、汪的憎恨，充分显示了阿庆嫂察言观色、随机应变的斗争策略，刻画了她机智、勇敢、沉着、坚定的可贵品格。这两个借代确实耐人咀嚼，含不尽之意于言外。它们使唱词具有浓郁的诗味、隽永的意境。

（三）运用借代应注意的问题

1．借体事物和本体事物必须有密切联系

借体事物和本体事物密切相关，这是构成借代的基础。如果两者毫无关系，就不能构成借代。例如“我的胸膛在激烈地跳动”，原想以本体事物所在的处所来代替本体事物，但没想到胸膛是不会和心一起跳动的，“胸膛”不能代替“心”。

2．借代必须有代表性，要抓住主要特征

例⑳“雨来刚到堂屋，见十几把雪亮的刺刀从前门进来”，这里用“刺刀”代替日本兵就非常恰当，如果说“见十几双皮鞋从前门进来”就不合适了。

3．借代要明确

鲁迅在《药》里，先提“驼背五少爷”，然后才用“驼背”代替“五少爷”，先提“一个花白胡子的人”，然后才用“花白胡子”代替这个人，先提“红眼睛阿义”，然后才用“红眼睛”代替“阿义”。这些都是上文对本体有过交代，下文才用借代的情况，使前后呼应，读者一看就会明白。

4．要注意借体的感情色彩

以人物形象的某一特征来称代某人物时，常常用某人的诨号，诨号大都带有一定的感情色彩。例如“海娃踮起左脚，用脚尖把歪嘴黑狗的胳膊轻轻拨开，腾出一小块空地”（华山《鸡毛信》），这里用“歪嘴黑狗”称代日本兵手下的伪军，显然带有鄙视、憎恨的感情。这类借代不宜用在严肃的场合，一般也不能用来称代尊敬的对象。

（四）借代与借喻的区分

借代和借喻在形式上都是本体不出现，只有借体或喻体，因此容易相混。例如：

㉙“芦柴棒”着急地要将大锅子里的稀饭烧滚，但是倒冒出来的青烟引起了她一阵猛烈的咳嗽。十五六岁，除出老板之外，大概很少有人知道她的姓名。手脚瘦得像芦棒梗一样，于是大家就拿“芦柴棒”当作了她的名字。

（夏衍《包身工》）

㉚“义哥是一手好拳棒，这两下，一定够他受用了。”壁角的驼背忽然高兴起来。

（鲁迅《药》）

例㉙的“芦柴棒”和例㉚的“驼背”都是代替人的，但是“芦柴棒”是借喻，“驼背”是借代。由此可见，借代和借喻需要我们认真辨析。

第一，借代和借喻构成的客观基础不同。借喻的基础是相似，借代的基础是相关。例㉙的“芦柴棒”和瘦人有相似性，而没有相关性，所以是借喻。例㉚的“驼背”是人的特征，它和人相关，但没有相似性，所以是借代。

第二，借喻可以用“像”之类的比喻词转换为明喻，而借代不能。例㉙可以说“她瘦得像芦柴棒一样”，这是个明喻；但例㉚不能说“五少爷像驼背”，所以“驼背”是借代。

第三，借喻的本体和喻体本质不同，两者之间没有任何实际联系，借代的本体和借体之间有一种不可分割的关系，看来好像是两种事物，实际是同一种事物，借体是本体的固有特征。例如：

㉛ 六月天兵征腐恶，
万丈长缨要把鲲鹏缚。

（毛泽东《蝶恋花·从汀州向长沙》）

㉜ 春风杨柳万千条，
六亿神州尽舜尧。

（毛泽东《七律·送瘟神》）

按照唯物主义的观点，例㉛的“天兵”是一种不存在的、人们想象出来的兵，它和“人民解放军”有本质的不同，所以“天兵”是借喻，可以转换为明喻“人民解放军像天兵一样”。例㉜的“舜尧”是中国历史上的两个人物，相传他们很贤明、高尚，他们就是英雄的人民中的成员，所以“舜尧”是借代，虽然可以说“全国人民像舜尧一样”，但这是具体的比较，而不是明喻。

借喻和借代都可以使语言生动形象，所以，为了增强修辞效果，人们往往将借喻和借代连用。例如：

㉝ 红旗指处乌云散。

例㉝“红旗”是借代，代替“解放军”；“乌云”是借喻，比喻当时的黑暗统治。这样将借代和借喻并用，使语言生动形象，容易引起人们的联想，同时也热情地歌颂了中国人民解放军的强大威力。

四、夸张

夸张是为了表达强烈的思想感情、突出某种事物的本质特征，而运用想象对事物的某方面着意言过其实的一种修辞方式。夸张也叫夸饰、铺张或扬厉。夸张是在客观现实的基础上，对事物进行言过其实的描述。不理解其实质，那就成了笑话：

从前，四川和杭州的两位秀才同到武昌旅游。一天，他们到一家饭馆吃饭。四川秀才说：“四川是天府之国，峨眉山是天下最高的山。古人说：‘峨眉山，峨眉山，离天只有三尺三。’你看哪里有比这更高的山呢?”杭州秀才不服气，就说：“峨眉山哪里比得上杭州的六和塔！‘六和塔，六和塔，离天只有一尺八。’它比峨眉山还高一尺五呢。”武昌饭店的店小二说：“你们的峨眉山、六和塔都不算高，只有我们的黄鹤楼最高了。你们不信，有诗为证：‘黄鹤楼，黄鹤楼，钻进九天五尺六。’”

这个笑话之所以可笑，主要是因为两位秀才和店小二都错误地把夸张当成了事实。

（一）夸张的类型

按照性质看，夸张可分为扩大夸张、缩小夸张、时间夸张三种；按照表现方法看，夸张又可分为一般夸张和借助夸张两种。

1. 扩大夸张

扩大夸张是故意对客观事实做夸大述说的一种夸张类型。例如：

① 他们看见那些受人尊敬的小财东，往往垂着一尺长的涎水。

（毛泽东《中国社会各阶级的分析》）

② 老泰山应声说：“好了。”就用大拇指试试剪子刃，大声对我笑着说：“瞧我磨的剪子，多快。你想剪天上的云霞，做一床天大的被，也剪得动。”

（杨朔《雪浪花》）

③ 要说渴，真是有点渴，嗓子冒烟脸冒火，我能喝它一条江啊，我能喝它一条河。

（石祥、刘薇作词《一壶水》）

例①形象地揭露了过去的小资产阶级右翼，他们一心想发财的贪婪本质。这里的“垂着一尺长的涎水”是用了言过其实的渲染。例②“剪天上的云霞”“也剪得动”突出强调了剪子的锋利。例③“喝它一条江”“喝它一条河”，强调了渴的程度。

2．缩小夸张

缩小夸张是故意对客观事物做缩小述说的一种夸张类型。例如：

④ 五岭逶迤腾细浪，
乌蒙磅礴走泥丸。

（毛泽东《七律·长征》）

⑤ 目下，这里，卷着雪片的狂风，把人团团围住，真是寸步难行！

（杜鹏程《夜走灵官峡》）

⑥ 红旗万梭织锦绣，
海北天南一望收！

（贺敬之《桂林山水歌》）

例④的“五岭”指绵延在湖南、广东、广西、江西一带的大庾岭、骑田岭、都庞岭、萌渚岭和越城岭。它们山岳高耸，峻峭挺拔，但毛泽东把它们看作“细浪”腾起。“乌蒙”海拔两千多米，有十二峰，盘旋七十余里。毛泽东把这高大的乌蒙山脉，看作“泥丸”滚去，把巨大的形象凝缩为渺小的“细浪”和“泥丸”，显示了红军形象的高大。例⑤的“寸步难行”是个夸张，风雪不可能使人在路上连一寸也移动不了，说“寸步难行”是形容雪之大、风之烈、路之难走。例⑥“海北天南一望收”也是做了故意缩小的描述。

3. 时间夸张

时间夸张是故意把后出现的事物说成是先出现的，或者把先出现的事物说成是后出现的一种夸张类型。这样表面上看不合理，但是通过夸张渲染，使内容得到强调。例如：

⑦ 难怪人们说，李医生给俺看病，“药方没开俺的病就好三分！”

（《人民的好医生李月华》）

⑧ 这种媳妇，才算媳妇，要照如今的妇女呀，哼，别说守一年，男人眼没闭，她早瞧上旁人了。

（周立波《暴风骤雨》）

⑨ 如果不改变我国体育界的管理现状，下一个世纪也成不了体育强国。

（失记）

例⑦“药方没开俺的病就好三分”，例⑧“男人眼没闭，她早瞧上旁人了”，都是言过其实的超前说法，这样表达是为了强调结果来得很快、比预想的还要提前，这也叫超前夸张。例⑨把实现体育强国目标的时间，延后一个世纪，以此来强调目前体育界的管理现状亟待改善，这也叫延后夸张。

4. 一般夸张

一般夸张是通过话语本身的意义将夸张的意思直接表达

出来的一种夸张类型。例如：

⑩ 树的叶子密得连风丝儿都不透，夜里躺在它下面仰望天空，看不见一颗星星，真像是张在花园里绿绒一样的天幕。

（林遐《海滨城市》）

⑪ 我知道，如果让你重新选择，你还会这样生活。而我，就算再有一百次机会，也还是选你做丈夫。安息吧，筑英，你累了，应该休息了。

（路长琴《永存的慰藉》）

⑫ 我会一直爱你，直到四海枯竭，直到太阳把岩石熔化，只要我一息尚存。

（桐华《最美的时光》）

例⑩的“密得连风丝儿都不透”是夸张地形容榕树的叶子密。例⑪“就算再有一百次机会，也还是选你做丈夫”，表达了路长琴对丈夫蒋筑英至诚至挚至深的爱。例⑫“四海枯竭”“太阳把岩石熔化”都言过其实，表达了说话人浓烈的情感。

5. 借助夸张

借助夸张是借用其他修辞方式将夸张的意思间接表达出来的一种夸张类型。例如：

⑬ 我一点点地啃着、嚼着，啃着、嚼着……尽量表现得很斯文。我已经有四年没有吃过白面做的面食了——而我统共才活了二十五年。它宛如外面飘落的雪

花，一进我的嘴就融化了。

（张贤亮《绿化树》）

⑭ 车下的仍然拼命向上挤，她的两腿就渐渐悬空，伸出去的胳膊横夹在两个瘦伶伶的身体之间怎么也抽不回来。身体的每个部位都不再属自己支配，别说连衣裙，人都被揉皱了。

（刘汉一《鹅黄色的连衣裙》）

⑮ 如果我得同你并排走，
高山会在我脚下变坝头。

如果我得同你并排站，
我的身子会一下长一丈三。

如果我得同你牵手下河，
河里的金鱼会围满我们脚。

如果我得同你把花采，
谢了的映山红会为我们开。

如果得你陪我挑担上岭，
石头会变得灯草一样轻。

（侗族情歌《如果……》）

例⑬“它（白面馍）宛如外面飘落的雪花，一进我的嘴就融化了”，虽然不符合事实，但对于一个四年没有吃过白面馍的人，特别是在那“瓜菜代”的艰难岁月里，这种饿坏了、馋极了的心理状态的极度描述，却能使人感到更加真实。这是通过比喻来夸张的。例⑭人怎么会被揉皱了呢？原来这是用了拟物手法对公共汽车上拥挤不堪的情况所做的夸张形容。例⑮是一首民歌，一连用了五个假设句，在每个假设的后边，都是一种神话般奇迹的出现。这是通过排比来夸张的。

（二）夸张的修辞作用

夸张是一种很常见的修辞方式。刘勰在《文心雕龙·夸饰》中说：“故自天地以降，豫入声貌，文辞所被，夸饰恒存。”说明夸张不仅被运用得很广泛，而且是一种源远流长的修辞方式。夸张有很强的生命力，有强烈的感染效果。夸张运用得好，可以突出事物的特征，并抒发出强烈的感情，从而引起读者丰富的想象，给读者留下鲜明深刻的印象。例如，唐代诗人李白在《秋浦歌》中的名句“白发三千丈，缘愁似个长”，突出了李白的愁思，唐代诗人李益在《宫怨》中写下的“似将海水添宫漏，共滴长门一夜长”，突出了“愁人夜长”的痛苦感觉。这些夸张所显示出来的事物特征和深刻的感受，能在读者的脑海里引起联想和共鸣。又如白洋淀渔民诗人李永鸿写《白洋淀渔歌》的“渔民难”时，有一句最初写的是“渔民眼泪湿衣衫”，后来感到这样写还不足以表现渔民在旧社会所受的苦，他想起小时候跟父母出淀打鱼，上边雨淋，下边水泡，肚子饿瘪了，还得一边哭，一边撒网打鱼的情景，于是改为“大人孩子泪不干，流泪如同网出水，滴滴泪水流满淀”。改动后的诗句用了夸张辞格，比原来的“湿衣衫”显得更生动、更形象、更深刻，因而也就更突出了渔民的深重苦难。高尔基说：“艺术的目的在于夸大好的东西，使它显得更好一些；夸大有害于人类的坏的东西，以致一见便即生厌。”（《艺术与工艺》）夸张确实能起到这样的作用。

由此可见，善于运用夸张，不仅如黄侃所说，可以“传难言之意”，“省不急之文”，“摹难传之状”，“得言外之情”（《文心雕龙札记·夸饰》），而且能够“发蕴而飞滞，披瞽而骇聋”（刘勰《文心雕龙·夸饰》），使作品鲜明生动、意显情足，收到特别强烈的艺术效果。

（三）运用夸张应注意的问题

1. 夸张要建立在客观现实的基础上

鲁迅先生在《漫谈“漫画”》里说过这么一个例子，李白的诗句“燕山雪花大如席”是夸张，但燕山究竟有雪花，就含有一点诚实在里面；如果说“广州雪花大如席”，那可就变成笑话了。这说明夸张要有客观现实作为基础，不能不着边际地夸大其词，违背生活逻辑。“人有多大胆，地有多高产”，这个夸张便是脱离现实的，因为农作物产量要受到地力气候等限制，不是你想有多高的产量便会有多高的产量。有首诗是这样写的：

玉米稻子密又浓，
铺天盖地不透风。
就是卫星掉下来，
也要弹回半空中。

农作物长得密不透风，一定会发热烂掉，怎么能取得高产呢？有点科学常识的人都知道，卫星掉下来不是人们希望的，同时玉米稻子也不会弹起卫星。这首诗有点胡说八道，纯粹是浮夸。

既然夸张要有现实基础，运用时就要掌握分寸。比如形容心情激动，说“我的心快跳出胸膛”，这很突出，但若说“我的心跳出了胸膛”便不可信，因为心跳出胸膛，这个人也就活不成了。又如说一个人跑得很快，可用“快步如飞”，有人使用夸张，说“他跑得那样快，好像地球给蹬转了似的”，这就近乎滑稽了。

2．运用夸张要明确

《文心雕龙》列举夸张的用例，高就说高到天上，狭就说河里容不下小船，多就说子孙千亿，少就说周朝的百姓死得不剩一个，洪水包围丘陵就说淹没了天空，打仗杀人很多就说血可以把舂米的槌子漂起来。李白的诗句“白发三千丈”“黄河之水天上来”“飞流直下三千尺”，也都是夸张得非常突出的。有人用夸张来形容力气大，说“他力气大，简直能挑得动三五百斤”，这便可能会被误会为事实，因为实际上真有人能挑得起三五百斤重的东西。

3．运用夸张要力求新颖

使用夸张还要注意语体。夸张重在主观情意的抒发，不重客观实际的记录，只求情意的强烈和真实，不求具体数据的确凿和科学。因此，夸张多用于文艺语体和政论语体，而在科学论文、新闻报道、调查报告、总结、汇报中一般很少使用。

五、摹绘

摹绘是把人或事物的声音、颜色、情状如实地摹写出来的一种修辞方式。

（一）摹绘的类型

从摹写的对象看，摹绘可以分为摹声、摹色、摹状三类。

1. 摹声

摹声是根据所要描绘的人或事物的声音，用与之相同相近的拟声词把它描绘出来，达到音乐美的效果的一种摹绘类型。例如：

①得欣想到这儿，摸起几块石头，嗖嗖地向敌人投去。敌人一时摸不着头脑，像一群被打楞了的傻狍子，呼啦一下乱了群，惊慌地把枪栓掰得咔啦咔啦乱响。

（石文驹著、李贵忠改编《战地红缨》）

②“小弟弟，好玩呢，洋铜鼓，洋喇叭，买一个去。”故意作一种引诱的声调。接着是——冬，冬，冬，——叭，叭，叭。

当，当，当——“洋瓷面盆刮刮叫，四角一只真公道，乡亲，带一只去吧。”

（叶圣陶《多收了三五斗》）

③一阵风过，毛竹呼啦啦地响，好像也在焦急地叫喊：“快些送我们下山去吧，莫要让我们等老了，祖国社

会主义建设多么需要我们啊！”

（袁鹰《井岗翠竹》）

例①通过“嗖嗖”这一拟声词的使用将得欣想要赶紧拖住敌人的紧迫感描写出来，通过“呼啦”“咔啦咔啦”等拟声词又将敌人的惊慌失措刻画得生动、形象。例②通过一连串的拟声词，真切地反映出店员卖力推销商品的心态。例③用“呼啦啦”摹写风过毛竹动的声音，声音引起读者的想象，增强了形象性。

2．摹色

摹色是运用色彩词来描绘事物的一种摹绘类型。例如：

④ 雪野中有血红的宝珠山茶，白中隐青的单瓣梅花，深黄的磬口的腊梅花；雪下面还有冷绿的杂草。

（鲁迅《雪》）

⑤ 片片水田，如漫溢的春水，向四周的黄色沙丘漾去。呵！看那厚绒墨绿的黑豆，翠绿欲滴的白菜，粉绿淡青的卷心白，油绿闪光的沙柳，碧绿见底的奔湍着的渠水……绿呵！满眼是绿，满心是绿！

（魏钢焰《秋收散记》）

⑥ 这时，东方水天极处，染上一片橙红色，一会染成橘红色，一会又暗下去，暗成浅灰色。就在这片浅灰色里，慢慢烘出一个半圆形的浅红色轮光，轮光下面骨突地冒出半边鲜红鲜红的太阳，越冒越高，转眼跳出水面，于是一轮又红又大的太阳稳稳当当搁在海面上。

（杨朔《黄海日出处》）

例④运用“血红”“白中隐青”“深黄”“冷绿”等色彩鲜明的词语描绘雪野里欣欣向荣的景色，歌颂不畏严寒、顽强战斗的品格。例⑤运用“墨绿”“翠绿”“粉绿”“油绿”“碧绿”这些不同的“绿”来形容“黄色沙丘”上出现的奇迹，歌颂人民群众治沙绿化、改造自然的力量。例⑥运用“橙红色”“橘红色”“浅灰色”“浅红色”“鲜红鲜红”“红”等词语，形象生动地描写黄海日出的壮丽景观。

3. 摹状

摹状是把人和事物的形状、情态描绘出来的一种摹绘类型。例如：

⑦ 这是位十分秀丽的江南姑娘：二十三四岁模样，中等个儿，苗条但不瘦削；长圆型丰腴白晰（皙）的脸蛋上长着一对乌亮乌亮的大眼睛，晶莹透彻得宛如两潭秋水；她的睫毛长长密密，柔软地覆盖在眼睑上，不时随着眼睑的启合微微眨动，使人感到一种纯女性的脉脉含情的娇美。

（卢群、李牧《心曲》）

⑧ 她的眼眉撩起，眼睛睁得大大的，痴呆呆地望着。嘴微张着，露出一排洁白的牙齿，下额（颌）略微抬起，鼻翼轻微地翕动着，突起的胸脯一起一伏。

（维录《黄昏》）

⑨ 赖永福到门外把装小猪的篮子提进来，放在地上，揭开篮盖，肥墩墩、肉呼呼的一头小猪娃，欢溜溜地跳出篮外。

（西戎《赖大嫂》）

例⑦用“苗条但不瘦削”把人物的身段摹绘出来，用“长圆型丰腴白晰”把人物的脸蛋摹绘出来，用“乌亮乌亮”把人物的眼睛摹绘出来，用“长长密密”“柔软”把人物的睫毛摹绘出来。例⑧用“痴呆呆”把人物的精神状态摹绘出来。例⑨用“肥墩墩”“肉呼呼”“欢溜溜”把小猪娃的状貌和神态摹绘出来。

（二）摹绘的修辞作用

1. 增加叙述的鲜明性和形象性

运用摹绘来描写景物，渲染气氛，可以使得读者阅读时如临其境，如闻其声，如见其形，给他们留下鲜明深刻的印象。这样就大大增加了作品的真实感和感染力。摹绘的这种作用，我们可以从上面各例中明显地感受出来。又如：

> ⑩ 故乡的风筝时节，是春二月，倘听到沙沙的风轮声，仰头便能看见一个淡墨色的蟹风筝或嫩蓝色的蜈蚣风筝。
>
> （鲁迅《风筝》）
>
> ⑪ 窗外沙沙的一阵声响，许多积雪从被他压弯了的一枝山茶树上滑下去了，树枝笔挺的伸直，更显出乌油油的肥叶和血红的花来。天空的铅色来得更浓。
>
> （鲁迅《在酒楼上》）

例⑩先是摹声，后是摹色。先听到“沙沙的风轮声”，再看到“淡墨色的蟹风筝或嫩蓝色的蜈蚣风筝”，这里运用摹绘向读者展示了一幅春日活泼的有声有色的图画。例⑪“沙沙”摹绘积雪滑落的声音。在积雪的衬托下，“乌油油”的肥叶、“血红”的花、“铅色”的天空，都显得色彩鲜明，表现深冬雪后的园子景色。

2. 使人物形象更鲜活

鲁迅描写年轻的祥林嫂，“头上扎着白头绳，乌裙，蓝夹袄，月白背心，年纪大约二十六七，脸色青黄，但两颊却还是红的”(《祝福》)。一连用了六个色彩词，从不同的方面，把年轻的祥林嫂的形象刻画出来，给读者以鲜明的印象。

3. 有助于表达作者态度

⑫摇动的车轮，旋转的锭子，争着发出嗡嗡嘤嘤的声音，像演奏弦乐，像轻轻地唱歌。

(吴伯箫《记一辆纺车》)

例⑫用“嗡嗡”“嘤嘤”摹绘车轮摇动、锭子旋转的声音，描绘出紧张的劳动场景，渲染出愉快的气氛。“嗡嗡”“嘤嘤”也可以摹绘蚊子、苍蝇的声音。作者为什么不说“像蚊子飞，像苍蝇叫”，而说成“像演奏弦乐，像轻轻地唱歌”呢？这完全是由作者对事物的爱憎感情和褒贬态度决定的。

4. 营造气氛

⑬ 她们轻轻划着船，船两边的水，哗，哗，哗。

(孙犁《荷花淀》)

⑭ 后面大船来得飞快。那明明白白是敌人。这几个

青年妇女咬紧牙，制止住心跳，摇橹的手并没有慌，水在两旁大声地哗哗，哗哗，哗哗。

（孙犁《荷花淀》）

例⑬用“哗，哗，哗”摹绘水声，这水声给人一种安静、愉快的感觉。例⑭用“哗哗，哗哗，哗哗”摹绘水声，显得情势紧张危急。

5. 增强表达效果

⑮ 天空灰沉沉的，低的压得人透不过气来。蒙蒙的细雨越下越密。一阵阵狂风刮来，马路上电线杆子发出金属的嗯嗯的响声。天空更暗了，接着来的是豆大的雨点，啪哒啪哒落在地上。

（周而复《上海的早晨》）

这里用“灰沉沉”把天的颜色摹绘出来，用“蒙蒙”把小雨下着的形态摹绘出来，用“嗯嗯”“啪哒啪哒”把电线杆子和大雨发出的响声摹绘出来。这样，把大自然写得有声有色有形，给人以直观的形象。

（三）运用摹绘应注意的问题

1. 注意语体特点

一般以形象感染为主的文艺作品常用摹绘增强表达效果，政论文章和通俗科技著作有时也用，而专门科技语体和公文事务语体一般是不用的。

2. 选用恰当的拟声词

有些拟声词在长期运用过程中，适应对象已逐步固定，如“朗朗”形容读书声，“霍霍”形容磨刀声，“汪汪”形容狗叫声，“喔喔”形容鸡叫声，书面上有不同的形式，碰到这类拟声词，应选用最通行的写法。比如人或物件落地或落水，就有“扑通”“噗通”“卜通”“扑咚”“朴通”等多种写法，宜选用最为通行的“扑通”。

3. 选用恰当的色彩词

汉语色彩词很丰富。形容黑色，就有黑漆漆、黑洞洞、黑压压、黑魆魆、黑糊糊、黑油油、黑黝黝、黑幽幽、黑咕隆咚、黑不溜秋等。这些词都形容黑，这是“大同”，但意义和用法上却有细微的差别，这是“小异”。比如我们能说“天还没有亮，屋里黑洞洞的”，也能说“他的头发黑油油的”，但是不能说“屋里黑油油的”，也不能说“他的头发黑洞洞的”。要恰当地运用摹色手法，必须了解这些色彩词的“个性”。目前，有些色彩词的书写形式还不统一。当我们碰到同一色彩词有不同的书写形式时，要选用最通行的写法。比如“黑压压”“黑鸦鸦”“黑哑哑”，宜选用“黑压压”。

六、通感

通感是在描述客观事物时，用形象的语言将属于某一感官的感觉转移到另一感官上的一种修辞方式。通感也叫移觉、感觉移借。人的各种感觉，如听觉、视觉、嗅觉和触觉等，虽各不相同，但也有其相通的一面。通感凭借着这些感官上的相通之处，达到启发读者联想、帮助读者体味诗文意境的目的。

宋代词人宋祁填过一首《玉楼春·春景》词，上阕是：

东城渐觉风光好，
縠皱波纹迎客棹。
绿杨烟外晓寒轻，
红杏枝头春意闹。

清代的李渔嘲笑说："此语殊难著解。争斗有声之谓'闹'，桃李争春则有之，红杏'闹'春，予实未之见也。'闹'可用，则'吵'字、'斗'字、'打'字皆可用矣。"（《窥词管见》）李渔不知道，宋祁用的是通感手法。正是这个"闹"字，写出红杏枝头繁花竞放，蜂蝶争飞的蓬勃春光，使人仿佛听到春的呼喊、春的歌唱，视觉感受沟通了听觉感受，真是把大好春光写活了。正是这传神之笔，使他获得了"红杏枝头春意闹尚书"的美誉呢！其实上句"绿杨烟外晓寒轻"的"轻"字，用的也是同样手法。寒冷不能称斤论两，有何"轻""重"可言？然而恰恰这个"轻"字，写出了作者在风和日丽中游兴方浓的一种心理感受，而李渔却让它滑过了。在古典诗词中，也有把听觉感受描写成视觉形象的。请看：

空山百鸟散还合，
万里浮云阴且晴。

这是唐代诗人李颀在《听董大弹胡笳》中对声音的描写。把听觉中的音响描写成视觉中的形象，使诗歌具有更鲜明的形象性。这种手法，在一般文学作品中，也多有运用。

（一）通感的类型

从不同感官之间互相转移的情况看，通感大致分为以下几种。

1. 由视觉移到触觉

> ① 西湖的夏夜老是热蓬蓬的，水像沸着一般，秦淮河的水却尽是这样冷冷地绿着。
>
> （朱自清《桨声灯影里的秦淮河》）
>
> ② 她（梅雨潭）滑滑的明亮着，像涂了“明油”一般，有鸡蛋清那样软，那样嫩。
>
> （朱自清《绿》）
>
> ③ 每逢看见蜜蜂，感情上疙疙瘩瘩的，总不怎么舒服。
>
> （杨朔《荔枝蜜》）

例①②都是由视觉感知的“绿”移到触觉感知的“冷冷”“软”，例③由视觉感知的“蜜蜂”移到触觉感知的“疙疙瘩瘩”，使人读了好像触摸得到一样。

2. 由视觉移到听觉

> ④ 塘中的月色并不均匀；但光与影有着和谐的旋律，

如梵婀玲上奏着的名曲。

（朱自清《荷塘月色》）

⑤ 改霞的嫩脸皮唰地通红，热辣辣地发起烧来。

（柳青《创业史》）

⑥ 天地间一片无边的、神秘的、柔软的蓝，好像有支蓝色的歌在天边飘，融入草丛，飘向夜空。

（韩少功《西望茅草地》）

例④“光与影有着和谐的旋律”，这种视觉上的感受，很难言传。梵婀玲（小提琴）拉得好，可感可辨。特别是它奏着的名曲，更是悦耳。作者把视觉上的无声事物“光与影”，通过听觉转化为有声事物“名曲”，化难为易，令人陶醉。例⑤“脸皮通红”是人的表情变化，只可见不可听，用拟声词“唰”来修饰“红”，把视觉感受转换成听觉感受，而由于“唰”的声音速度快，便使人感到人物表情的急剧变化。例⑥“蓝色”只能用视觉来感知，“歌”只能用听觉来感受，这里把视觉器官上的感受转移到听觉器官上来，让读者对那片蓝色有了如歌声般悠扬、绵长的感觉。

3. 由嗅觉移到听觉

⑦ 微风过处，送来缕缕清香，仿佛远处高楼上渺茫的歌声似的。

（朱自清《荷塘月色》）

例⑦把嗅觉“缕缕清香”移为听觉“渺茫的歌声”，似乎在月下荷塘中，既嗅到荷花香，又听到甜美的歌，给人留下美的想象。

4. 由视觉移到嗅觉

⑧ 我的情人啊，
你的微笑像新奇花卉的芳香，
是单纯而又费解的。

（泰戈尔《流萤集》）

例⑧视觉感观下的“微笑”转移到嗅觉感观下的“芳香”，就把“微笑”写活了。

5. 由听觉移到味觉

⑨ 年年果农栽梨树，
年年梨花映雪山，
结出金铃枝头挂，
甜脆之声随风传，
空气也甘甜。

（梁上泉《金川雪梨》）

⑩“谁在唱歌？”鸟儿互相询问。“歌声多么甜蜜呀！”

（民间故事《哈琳达的歌声》）

例⑨由听觉感知到的“声”，转移到味觉感知到的“甜脆”，例⑩由听觉感知到的“歌声”转移到味觉感知到的“甜蜜”。

6. 由听觉移到视觉

⑪ 我在蒙胧中，又隐约听到远处的爆竹声联绵不断，似乎合成一天音响的浓云，夹着团团飞舞的雪花，拥抱了全市镇。

（鲁迅《祝福》）

⑫ 歌声一波未平，一波又起，接唱，联唱，轮唱，使你辨不清头尾，摸不到边际。

（吴伯箫《歌声》）

⑬ 女子们朗朗的笑声，像水上的波纹，在工地的上空荡漾开去。

（魏钢焰《没出唇的歌》）

例⑪由听觉“爆竹声”移为视觉“浓云”，化无形为有形，读者不仅听到，而且似乎看到，气氛更加热烈。祥林嫂悲惨的死与欢乐的祝福景象，形成鲜明对照。例⑫把听觉“歌声”化为视觉“波浪”，使人们感受到革命大家庭的欢乐和幸福。例⑬由听觉感知到的“笑声”，移到视觉感知到的“波纹”，描绘出了工地上的欢乐气氛。

（二）通感的修辞作用

通感是各种感觉的互相打通，互相转移。因为脑神经中枢指挥下的各种感官是互相联系的。譬如，放在眼前一个橘子，尽管没有亲口尝它，也能感到甜酸的滋味。因为视觉的兴奋，引起了味觉的兴奋，使味觉悄悄加入这一感知过程。

欣赏舞蹈或口技，都可以引起多种感觉的互相打通、互相转移。作家、音乐家、科学家由于职业的敏感，会发现更细致的通感现象，甚至发现思维创造的契机。瓦特发明蒸汽机，牛顿发现万有引力，就是由视觉感知到的水开后壶盖被顶起、苹果从树上落下等客观现象，引起的思维创造。感觉的转移，同人的知识、经验、特长、爱好等密切相关。通感用得好，不仅能化抽象为具体，通过具体形象的描绘，将抽象事物刻画得淋漓尽致，令人神往，而且能创造出一种优美的意境，启发读者联想，激起读者感情的波澜，与作者共同创造出一片感人的意境，进而得到美的感受。例如：

⑭ 那王小玉唱到极高的三四叠后，陡然一落，又极力骋其千回百折的精神，如一条飞蛇在黄山三十六峰半中腰里盘旋穿插，顷刻之间，周匝数遍。从此以后，愈唱愈低，愈低愈细，那声音渐渐地就听不见了。满园子的人都屏气凝神，不敢少动。约有两三分钟之久，仿佛有一点声音从地底下发出。这一出之后，忽又扬起，像放那东洋烟火，一个弹子上天，随化作千百道五色火光，纵横散乱。这一声飞起，即有无限声音俱来并发。那弹弦子的亦全用轮指，忽大忽小，同他那声音相和相合，有如花坞春晓，好鸟乱鸣。耳朵忙不过来，不晓得听那一声的为是。

（刘鹗《老残游记》）

王小玉的腔调是人们听觉上的感受，但作者用“如一条飞蛇在黄山三十六峰半中腰里盘旋穿插，顷刻之间，周匝数遍”，这样将听觉感知的“千回百折”的声音，移到了由视觉感知的“盘旋穿插”的形态上来，使人想象：黄山千峰耸立，连绵起伏，万千气象，一条飞蛇在山腰穿插环绕，这正是王小玉那婉转流利、变化无常、美妙动听的唱腔的再现。当王小玉的歌声由低到高扬起，接着“无限声音俱来并发”之时，作者用“像放那东洋烟火，一个弹子上天，随化作千百道五色火光，纵横散乱”，使听觉感知的歌声，化为眼看到的实景，将缤纷错落的歌声，通过具体形象描绘出来。作者将“只觉人间有说不出的妙境”，利用通感的修辞方法说出无形的妙境来，令人神往。通感在口语、成语中用得比较多，如“甜言蜜语”“冷言冷语”“名声太臭”“望梅止渴”等。

（三）通感与比喻的区分

通感与描绘性的比喻都运用了形象思维，都可以抓住事物的相似点来进行说明，但也有明显区别：

1. 比喻重“喻”

比喻的目的是让人明白，本体和喻体是同一感官感受到的本质不同的事物。例如：

⑮ 叶子出水很高，像亭亭的舞女的裙。

（朱自清《荷塘月色》）

⑯“砰”一声，郎平的一记重扣，激起了全场经久不息的欢呼声和鼓掌声，像海涛击岸，像山洪暴发，像飞瀑倾泻。

（鲁光《中国姑娘》）

⑰ 大弦嘈嘈如急雨，小弦切切如私语。嘈嘈切切错杂弹，大珠小珠落玉盘。

（白居易《琵琶行》）

例⑮本体“叶子”、喻体“舞女的裙”，都是视觉感受到的本质不同的事物。例⑯本体“欢呼声”、喻体“海涛击岸”“山洪暴发”“飞瀑倾泻”的声音，虽然角度不同，但都是听觉感受到的。例⑰本体“嘈嘈切切（声）”、喻体“急雨”“私语”“大珠小珠落玉盘”，都是听觉感受到的事物，写出了琴音的急促狂暴、情意缠绵、清脆悦耳。

2．通感重“移”

通感的目的是丰富人们的感受。本体、喻体是不同感官感受到的本质不同的两类事物，是一种感觉向另一种感觉的转移，也叫比喻式通感。不仅让人明白，而且好像走进了一个新天地，新鲜别致。例如：

⑱ 歌声拖得很长很长，因此能听得很远很远。人还没看见，已经先听见歌声了；或者人已经转过山头望不见了，歌声还余音袅袅，不绝如缕。

（吴伯箫《歌声》）

⑲ 海水碧蓝碧蓝的，蓝得人心醉，我真想变成条鱼，钻进波浪里去。

（杨朔《海市》）

⑳ 海在我们脚下沉吟着，诗人一般。那声音像是朦胧的月光和玫瑰花间的晨雾那样的温柔，像是情人的蜜

语那样的甜美。低低地，轻轻地，像微风拂过琴弦，像落花飘到水上。

（鲁彦《听潮的故事》）

例⑱本体“歌声”，喻体“余音袅袅，不绝如缕”。“袅袅”是烟气缭绕升腾的样子，“缕”是线，都属视觉感受。本体的听觉向喻体的视觉移动，读者同时获得两种美感。例⑲本体“海水碧蓝”是视觉的，喻体“心醉”是内心感受，“变成条鱼，钻进波浪”是视觉的。这个由视觉到内心感觉，再回到视觉的移动过程，表现了当时愉快的心情。例⑳本体海的“声音”是听觉，喻体“月光”“晨雾”是视觉，“像是情人的蜜语那样的甜美”是从味觉写声音的甜味，“像微风拂过琴弦”是从触觉写声音的微弱，“像落花飘到水上”是从视觉写声音的微弱。这里通过听觉、视觉、味觉、触觉的不断转移，描绘出了大海的温柔静谧，如诗如画，令人心醉。

七、换算

换算是把比较抽象的或需要特别强调的数字具体化、形象化的一种修辞方式。换算又叫折抵。换算能把需要特别强调的数量变得易于让人接受；把枯燥抽象的数字变得具体可感、生动活泼，令人印象深刻。

（一）换算的类型

从构成的方法看，换算可分为比较法、排列法、计时法和供用法四种换算类型。

1. 比较法换算

比较法换算是把一个抽象或需要强调的数字与其他较为具体的事物相比较的一种换算类型。例如：

①新疆地方很大，是我国最大的省区，面积有166万平方公里，占全国总面积的1/6，相当于10个宁夏回族自治区，或15个浙江省，也相当于3个法国或4个半日本。

（王恩茂《开发建设新疆必将为我国经济建设做出重大贡献》）

②上海市的工业垃圾和生活垃圾一年有七百三十万吨，每十天的垃圾就可以堆成国际饭店那么大的体积。

（杨继绳《钱学森的新建议》）

例①把“166万平方公里”换算成相当于10个宁夏回族自治区、15个浙江省、3个法国、4个半日本的面积，就把新疆辽阔广大的程度形象地描绘出来了，比单说“166万平方公里”给人们的印象更具体。例②上海市一年的工业垃圾和生活垃圾共有730万吨，这是个很大的数字，但毕竟抽象。加以换算，“每十天的垃圾就可以堆成国际饭店那么大的体积”，就具体形象，可感性强了，使人不能不对上海的垃圾如何处理加以重视。

2. 排列法换算

排列法换算是将具体的、熟知的事物排列起来进行说明的一种换算类型。例如：

③ 惠更斯通过长期观测，发现土星周围围绕着三个同心的光环，光环的最大直径达 265000 公里，可以并排放下 21 个地球哩！可是偌大的光环却很薄，厚度仅为 30 公里。

（戴巴棣《行星环之谜》）

④ 原子真是小极了。……50 万到 100 万个原子，一个紧挨着一个排起“长蛇队”来，差不多只有一根头发的直径那么宽。

（韩启德总主编《十万个为什么》）

例③开始说土星的光环直径为 265000 公里，是个抽象的数字，后面用排列换算说可以并排放下 21 个地球，就给人形象感，使人感到光环有多么大。例④“原子”怎么“小极了”？难以想象，经过换算说“50 万到 100 万个原子”“只有一根头发的直径那么宽”，就形象多了，我们仿佛在显微镜下看到原子的形态。

3. 计时法换算

计时法换算是用某个可知过程所需时间或单位时间内所涉及的数目来进行说明的一种换算类型。例如：

⑤ 例如水的分子，它大约只有 0.000,000,000,000,000,000,000,03 克重；……如果一个人每秒数一个水分

子，一秒不停地数下去，夜以继日地整整数1000年，也只不过数清了普普通通的一滴水里全部分子的五百亿分之一。

（韩启德总主编《十万个为什么》）

⑥ 哪里知道，这条天河淹没了一千万万颗以上的星星啊！一千万万，你一口气数下去，得数一千多年！

（郑文光《宇宙里有些什么》）

例⑤用小数点后头的23位表示水分子的重量，这样一长串数字，虽然精确，但一般人不易理解，用计时的方法换算成一千年只数得清一滴水中全部分子的五百亿分之一，便使人豁然开朗，知道一滴水里的分子数竟如此惊人，其重量之轻可想而知。例⑥用“一千万万”这个数字比较抽象，换算为“你一口气数下去，得数一千多年”，就把这个偌大数字具体化了，使人容易想象体会出来。

4. 供用法换算

供用法换算是将数字折合成相应的供用量的一种换算类型。例如：

⑦ 明万历三十七年（1609年）重修三大殿，仅采木一项，就费银九百三十余万两，约合当时八百多万“半年糠菜半年粮”的贫苦农民一年的口粮。

（《故宫简介》）

例⑦“九百三十余万两”银子有多大用场，一时难以想象，可是一经换算，可供当时800多万农民吃一年，就容易使人想见当年封建统治者是如何的奢侈了。

（二）换算的修辞作用

换算是现代生活中经常使用的、使数量形象化的一种修辞方式。它在表达上有重要的描绘作用。它可使枯燥难记的数量变得形象易记，能把抽象无味的数字变得生动具体，通过换算前后数字的比较、联想，给人以显豁深刻的印象。俗话说：“不算不知道，一算吓一跳。”换算往往能振聋发聩、发人深省。例如：

⑧ 李秀芝：“那有很多钱罗？”

许灵均：“可能，听说他（指许景由）是亿万富翁，光在美国开的大工厂就有六七个。”

李秀芝：“一亿有多少？”她往煮茶叶蛋的锅里放着雪白的鸡蛋。

许灵均：“能买十万辆汽车吧！”

李秀芝：“哎哟，那么多钱哪！”她不理解地说，“要那么多钱干吗……”

（李准《牧马人》）

“一亿”这个数目到底有多大，孤陋寡闻的李秀芝一时难以弄清，经过许灵均“能买十万辆汽车”的形象换算，李秀芝豁然开朗，原来那么多钱！可见，换算的修辞方式就是把原来难以把握的数字形象地换成另一种容易被人接受和理解的说法。

（三）运用换算应注意的问题

1. 要根据需要恰当运用

如果不是为了某种修辞表意的目的，任意滥用，把所有的数字都加以换算，就会使人感到厌烦。

2. 要注意语体特点

换算多用于通俗性科学读物、宣传性的论说文章、教学参考资料和文艺作品中，专门科学论著一般没有必要使用。

我们还要注意换算和比喻的区别。比喻的本体与喻体必须本质不同，但有相似点；而换算的被算体与换算体之间的体量大体相当，可能没有相似点。因此，换算和比喻是两个不同的辞格。

第三节　比较类辞格

一、对比

对比是把互相对立的两个事物或一个事物的两个方面放在一起相互比较的一种修辞方式。对比也叫对照。客观现象总是充满着矛盾对立。例如好和坏、美和丑、大和小、长和短、宽和窄、轻和重、高和低、上和下、深和浅、正和反、横和竖、动和静、安和危、伟大和渺小、勇敢和怯懦、高尚和卑鄙、聪明和愚蠢、正确和错误、光明和黑暗、坚强和脆弱等，都是客观存在着的矛盾和对立。说话、写文章的人通过观察，认识了这许许多多的对立面，在运用语言的活动中，就自然地表现出来了。杜甫有一名句“朱门酒肉臭，路有冻死骨”，就是用了对比的修辞方法。封建贵族“朱门酒肉臭”的豪华生活，让劳苦大众“路有冻死骨”的悲惨遭遇显得格外突出，而“路有冻死骨”这一句，又使“朱门酒肉臭”的画面变得更加强烈、更加扎眼。

（一）对比的类型

从对比的实体来看，对比可分为两体对比和一体两面对比两类。

1. 两体对比

两体对比是用两种对立的事物作对比体的一种对比类型。例如：

① 你是革命第一，工作第一，他人第一，而在有些人却是出风头第一，休息第一，与自己第一。

（毛泽东《致徐特立》）

② 燕子去了，有再来的时候；杨柳枯了，有再青的时候；桃花谢了，有再开的时候。但是，聪明的，你告诉我，我们的日子为什么一去不复返呢？

（朱自清《匆匆》）

③ 一个是那样黑，
黑得像紫檀木；

一个是那样白，
白得像棉絮；

一个多么舒服，
却在不住地哭；
一个多么可怜，
却要唱欢乐的歌。

（艾青《一个黑人姑娘在歌唱》）

例①连用三个对比，颂扬了徐特立同志大公无私的高贵品质，与“有些人”的自私自利形成鲜明对比，进而使得毛泽东同志对徐老的热爱、敬佩之情溢于言表。例②通过前后对比，说明了时间宝贵，我们必须加倍珍惜。例③把黑人女仆和白人小少爷进行了对比，反映了种族歧视和尖锐的阶级对立。

2. 一体两面对比

一体两面对比是就一种事物的两个侧面进行对比，以揭示其两面性的本质的一种对比类型。例如：

④ 呵，亲爱的、可敬的朝鲜人民！在纷飞的战火中，你是那样刚强！敌人把你的城镇变成了废墟，你没有哭；敌人把你的家园烧成了灰，你没有哭；敌人杀死了你的亲人，你没有哭；……可是今天，当你的战友——中国战士们要离开你的时候，你却倾洒了这样多的眼泪！仿佛要把你们每个人一生一世的眼泪，都倾洒在今天！

（魏巍《依依惜别的深情》）

⑤ 花开、花落。草长、草枯。二哥的生与死，或者就与大自然的生杀一样吧。然而，我、老爸爸、母亲……这几年来对二哥刻骨的怀思、铭心的悼惜，又岂是自然可以安慰的吗？

（陈映真《云》）

⑥ 过去走娘家，
谈鸡又谈鸭；
现在走娘家，
姐妹比文化。

（江苏民歌《姐妹比文化》）

例④通过朝鲜人民在什么情况下没有哭和在什么情况下却哭了的对比，突出了朝鲜人民对侵略者的恨和对中国志愿军战士的爱，表达了中朝两国人民友谊之深厚。例⑤把花的“开”“落”、草的“长”“枯”、二哥的“生”“死”、大自然的“生”“杀”加以对照，突出了对二哥的怀念与悼惜。例⑥把“走娘家”的“过去”和“现在”对照，突出人们精神生活的巨大变化。

（二）对比的修辞作用

对比是用得很广泛、很有表现力的修辞方式。对比地写人，可使人物形象更鲜明；对比地写理，可使道理更深刻；对比地写景，可使景物更迷人。例如：

⑦ 有的人活着，

他已经死了；
有的人死了，
他还活着。
…………
他活着别人就不能活的人，
他的下场可以看到；
他活着为了多数人更好地活着的人，
群众把他抬举得很高，很高。

（臧克家《有的人》）

⑧ 人人都有优点和缺点，关键是用其所长。用其所长，坏事能办好；用其所短，好事能办坏。同志之间，感情上有喜爱的，有厌恶的。喜爱的不一定全是好人，厌恶的不一定全是坏人。认真地去掉邪恶的人，坚决地任用贤能的人，我们的事业就会兴旺发达。如果好坏不分、是非不明、奖惩不公，那就太危险了。

（失记）

⑨ 我曾见过北京什刹海拂地的绿杨，脱不了鹅黄的底子，似乎太淡了。我又曾见过杭州虎跑寺近旁高峻而深密的"绿壁"，丛叠着无穷的碧草与绿叶的，那又似乎太浓了。其余呢，西湖的波太明了，秦淮河的也太暗了。

（朱自清《绿》）

例⑦对比地写人：一种人，干尽坏事，虽生犹死，遗臭万年；另一种人，品德高尚，虽死犹生，流芳百世。对比中显示出两种人的本质特征。例⑧对比地写理，透彻地阐明了用人唯贤、用其所长的道理。这是知识、经验、品德的升华。它和一吨黄金的价值相比，怎么样呢？当然没法比。因为黄金有价，真理无价。例⑨对比地写景。突出梅雨潭的绿，不太淡，不太浓，不太明，不太暗，恰到好处。这是与名胜相比，让我们看，让我们想，让我们感受到它独特的意境。

（三）运用对比应注意的问题

对比的修辞方法适用于各种语体，也可在文章的词与词之间、句与句之间、段与段之间使用，但不论用于哪一种语体或用哪一种对比，都必须注意以下两点：

1. 宜选用矛盾的对立面

客观事物的矛盾对立是普遍存在的，在表达时有意识地把这些对立面放在一起，对比鲜明，便构成对比辞格。对比要用得好，就要善于把握矛盾对立的两个方面。否则，勉强在词句上组成对比，是不能收到好的表达效果的。如例③艾青《一个黑人姑娘在歌唱》把“黑”与“白”、“舒服”与“可怜”、“哭”与“歌”对比，例⑤陈映真《云》中“开”与“落”、“生”与“死”等相比，都是抓住了对立面。

2. 要有目的地使用

对比要有明确的目的性，要为表现文章的主题思想服务，不要滥用。例①毛泽东《致徐特立》的主题思想是赞颂徐老忠于革命、勤奋工作、处处为他人着想的高贵品质，作者把徐老与“有些人”“风头第一，休息第一，与自己第一”进行对比，便是紧扣住主题的。

二、映衬

映衬是通过其他的事物来烘托、渲染所要表现的事物的一种修辞方式。映衬也叫衬托、烘托。被衬托的事物叫主体，用来陪衬的事物叫衬体。世界上的万事万物，都不是孤立存在的。一个事物总是与另一个事物存在着各种各样的内在联系，往往可以在另一个事物的陪衬中得到充分的表现。单单一朵花，固然美丽，但是，如果在万绿丛中依稀掩映，就更加娇艳。一轮皓月悬挂在天空，固然皎洁，但如果月边有几片乌云，反而显得月儿更加明亮。人们常说，“教室里静得连掉下一根针都能听见”，“房间闹得什么都听不见”，这就是拿有声来反衬无声，拿无声来反衬有声。

（一）映衬的类型

从主体和衬体之间的关系看，映衬可以分为正衬和反衬两类。

1. 正衬

正衬是用同主体事物相类似的事物作衬体、让衬体来渲染主体的一种映衬类型。例如：

① 好一个娇女，走在公路上，小伙子看呆了，听不见背后汽车叫；走在街面上，两旁买卖都停掉；坐在戏院里，观众不朝台上瞧……

（高晓声《水东流》）

② 一九六〇年四月十四日，当一轮红日从东方升起，巍然的井架披上金色霞光的时候，井场上一片繁忙，王进喜大步跨上钻台，握住冰冷的刹把，纵情地大喊一声："开钻了！"

（《中国工人阶级的先锋战士——铁人王进喜》）

③ 梅园的梅，
梅园的梅，
腊月里开花，
三九天吐蕊；
梅园的梅，
梅园的梅，
不怕霜雪打，
任凭寒风吹。
啊，周总理，
当年住梅园，
红梅向阳开，
品格多高贵。

（瞿琮《我爱梅园梅》）

例①通过衬体"小伙子"、街上行人、戏院观众的异常表现，来曲折反映少女的美，使主体"好一个娇女"，"不着一字，尽得风流"。例②借衬体"红日从东方升起"、井架上"金色霞光"、"井场上一片繁忙"的壮观如画的景象，衬托了王进喜欢快喜悦的心情和豪迈的英雄气概。这景象和人物形象是一致的。例③诗人用梅园中傲雪而开的梅花有力地衬托了周总理当年在敌人心脏里面——南京，为党坚持工作、顽强斗争的高风亮节。正衬一般用美好的景物来写快乐，用凄凉的景物来写悲哀。通过突出本体事物，使喜者更喜，使悲者更悲。

2. 反衬

反衬是用同主体事物相反或相异的事物作衬体，进而造成强烈的反差以突出主体事物的一种映衬类型。例如：

④ 海鸥在暴风雨来临之前呻吟着，——呻吟着，它们在大海上飞窜，想把自己对暴风雨的恐惧，掩藏到大海深处。

海鸭也在呻吟着，——它们这些海鸭啊，享受不了生活的战斗的欢乐：轰隆隆的雷声就把它们吓坏了。

蠢笨的企鹅，胆怯地把肥胖的身体躲藏在悬崖底下……只有那高傲的海燕，勇敢地，自由自在地，在泛起白沫的大海上飞翔！

（高尔基《海燕之歌》）

⑤ 骑马穿行林中，只听见马蹄溅起漫流在岩石上的水声，增添了密林的幽静。在这林海深处，连鸟雀也少飞来，只偶然能听到远处的几声鸟鸣。

（碧野《天山景物记》）

⑥ 四顾只是茫茫一片，那样的平坦，连一个“坎儿井”也找不到，那样的纯然一色……又是那样的寂静，似乎只有热空气在作哄哄的火响。

（茅盾《风景谈》）

例④用海鸥的恐惧、海鸭的懦弱、企鹅的胆怯，把海燕的高傲勇敢反衬得更加鲜明，达到了突出文章主题的目的。例⑤马蹄溅水、几声鸟鸣，反衬出主体“密林的幽静”，烘托出天山林海深处人迹罕至的景象。例⑥茫茫沙漠无半点声响，但作者却巧妙地借助听觉上的错觉“哄哄的火响”来反衬主体沙漠的“寂静”。

为了使文章互为映衬、起伏跳跃，人们往往连用反衬来着力刻画人物形象。例如：

⑦ 暮春与初夏之交的黑龙潭遍地野花，满山鸟鸣。但刘忠笃的拘押室内，还是春风不度的寒冬。

专案组对刘忠笃施行疲劳战术，突然袭击、放钩钓鱼都没有奏效。刘忠笃似乎感到了春天的力量，渐渐和专案人员顶撞起来。他被迫写出的交待材料，通篇是搞发明的过程和看不懂的公式。

（李树喜《锁不住的歌》）

例⑦，作者先用鸟鸣花香的自然之美，反衬出人物的悲惨处境，接着，作者又用这悲惨处境反衬出人物对搞发明创造的乐观主义精神和坚定的决心。这样，就使得文章跌宕起伏，变化多姿，具有感人的艺术魅力。

（二）运用映衬应注意的问题

正衬和反衬并不难区别。简单地说，用美好的景物来写快乐，用凄苦的景物来写悲哀，这是正衬；用凄苦的景物来写快乐，用美好的景物来写悲哀，这是反衬。有时，反衬比正衬更有力，更感人。但是，在具体的语言环境中，到底是用正衬，还是用反衬，这要根据情况而定，总的要以自然、恰当、效果好为标准。

运用映衬的修辞方法，要主宾分明，是主体还是衬体要让大家一看就清楚。如果过分强调衬体的地位，就冲淡了主体，喧宾夺主，从而削弱了映衬的修辞效果。例如：

> ⑧ 春雨，哗哗地下着，披上新绿的小树贪婪地吮吸着雨珠儿，更加妩媚了，更加娇嫩了。路旁的花朵儿，不由地颤动起来，像是彩蝶翩翩欲飞，越发艳丽了。呵！春雨中的一切是多么舒畅呀！王老师的话深深地教育了我。

这段文字过分地强调渲染了陪衬的事物，而主体部分却过于简略，效果不突出。全文可改成：

> 春雨，哗哗地下着，路上新绿的小树，贪婪地吮吸着雨珠儿，更加妩媚了，更加娇嫩了。路旁的花朵儿，不由地颤动起来，像是彩蝶翩翩欲飞，越发艳丽了。呵！春雨中的一切是多么舒畅呀！但是更舒畅的是我，敬爱的王老师的每一句话都深深地渗入我的心田，滋润着我的灵魂。

运用映衬还要爱憎分明，无论对于陪衬的衬体，还是被陪衬的主体，都要有一种鲜明的感受、统一的情调，渲染出的气氛必须是统一的、自然的、协调的，切忌生硬、做作。例如，鲁迅《故乡》的开头用阴冷的深冬气候和萧索荒凉的农村来衬托“悲凉”的心绪，使情与景浑然一体，从而更强烈地突出了心中的悲凉，给读者留下很深的印象。

（三）反衬与对比的区分

映衬中的反衬和对比不同：反衬可以用和主体相反的事物作陪衬，而对比的两体对比或一体两面对比则是两种根本对立的事物或同一事物的两个矛盾对立面的对比。因此，反衬和对比容易相混，需要我们认真辨析。

1. 二者主次关系不同

反衬是以宾衬主，有主宾之分；对比是表明对立现象中两相对立的事物，是平行的并列关系，无主次之分。例如：

⑨ 已是悬崖百丈冰，犹有花枝俏。

（毛泽东《卜算子·咏梅》）

⑩ 为人民利益而死，就比泰山还重；替法西斯卖力，替剥削人民和压迫人民的人去死，就比鸿毛还轻。

（毛泽东《为人民服务》）

例⑨写“已是悬崖百丈冰”的恶劣环境，是为了达到反衬梅花高洁的目的，所以是反衬。例⑩的两者是平行排列的，没有谁宾谁主的关系，所以是对比。

2. 二者的修辞效果不同

反衬主要是用以宾衬主的方式表达强烈的思想感情，深化文章的主题，如例⑨。对比主要是用比较的方式揭示事物的本质，使好的显得更好，坏的显得更坏，如例⑩。

三、仿词

仿词是根据表达的需要，对现成词语中的某个语素或词进行更换，临时仿造出新的词语的一种修辞方式。唐代诗人崔颢写过一首《黄鹤楼》："昔人已乘黄鹤去，此地空余黄鹤楼，黄鹤一去不复返，白云千载空悠悠；晴川历历汉阳树，芳草萋萋鹦鹉洲，日暮乡关何处是，烟波江上使人愁。"这首诗为历代诗人所称颂。大诗人李白到黄鹤楼时，见到这首诗，也慨叹因崔颢题了诗，"眼前有景道不得"。不过鲁迅先生却曾经仿拟了崔诗，使古诗新用，收到极强的修辞效果。1933年，国民政府面对日本帝国主义的侵略，把大好河山拱手相送，他们一面盗卖文物仓皇逃跑，一面却斥责爱国学生抗日救亡运动为"败坏校规"。为此，鲁迅在《伪自由书·崇实》中愤然写道：

阔人已骑文化去，
此地空余文化城。
文化一去不复返，
古城千载冷清清。
专车队队前门站，

晦气重重大学生。
日薄榆关何处抗，
烟花场上没人惊。

这首诗在形式上模拟仿造了崔颢的《黄鹤楼》，强烈地讽刺了当时的卖国投降政策。

鲁迅《野草》集中有首讽刺诗《我的失恋》，第一节是：

我的所爱在山腰；
想去寻她山太高，
低头无法泪沾袍。
爱人赠我百蝶巾；
回她什么：猫头鹰。
从此翻脸不理我，
不知何故兮使我心惊。
…………

而东汉张衡所作《四愁诗》的第一节是：

我所思兮在太山，
欲往从之梁父艰，
侧身东望涕沾翰。
美人赠我金错刀，
何以报之英琼瑶。
路远莫致倚逍遥，

何以怀忧心烦劳

…………

两相比较，可以看出《我的失恋》是仿拟《四愁诗》而来的，但通过仿拟，《我的失恋》成为一首新的打油诗，是讽刺当时那些“阿呀阿唷，我要死了”之类的腐朽颓废的失恋诗的。所以，这样的仿词，是有创新的。

被仿拟的作品，人们一般都熟悉。作者在自己的文章中为了内容需要，采用仿词手法写成的作品，往往会给读者留下鲜明的印象，加强了幽默感和讽刺性，收到妙趣横生的效果。

更多的时候，在写作中并非对原有全文或全诗套拟，而仅仅临时更换某个词。鲁迅为了嘲笑那些为反动派效劳、鼓吹“读经”复古救国的文人，曾在《这个与那个》一文中写道：“一个阔人说要读经，‘嗡’的一阵一群狭人也说要读经。岂但‘读’而已矣哉，据说还可以‘救国’哩。”这里“狭人”一词是临时仿拟了“阔人”而来的。毛泽东同志在《反对党八股》一文中，批评那些口头上在“天天喊大众化”，实际上却并不想下决心向老百姓学习的同志，“实在他的意思仍是小众化”。这里的“小众化”也是仿词。显然，这些仿拟的词是临时创造的，在汉语词典上无法查到，但在一定语言环境中，它们却包含着其他的词无法替代的特定意味。

（一）仿词的类型

从被更换的对象看，仿词可以分为音仿、义仿两类。

1. 音仿

音仿是用更换同音或近音语素的方法仿造新词语的一种仿词类型。例如：

① 戏剧不同于历史书，也不同于报告文学，它不要求事事、处处真实，正如郭沫若所说："历史研究是'实事求是'，历史剧创作是'实事求似'。"

（吴承基、武安《假人真事与真人假事的艺术溶合》）

② 那时，因为有个她，我处处显得财大气粗：文娱晚会么？咱有杨悦，保准曲惊四座；作文竞赛么？只要有杨悦上场，别班只好望"杨"兴叹。

（方伟《忏悔》）

例①"实事求似"是仿"实事求是"造出来的，例②"望'杨'兴叹"是仿"望洋兴叹"造出来的。这些用同音或近音语素形成的仿词饶有风趣。

2. 义仿

义仿是用更换反义或类义语素的方法仿造新词语的一种仿词类型。例如：

③ 那几年，我不就改造成家庭妇男了吗？不信，你们问文婷，我什么不干？什么不会？

（谌容《人到中年》）

④"亲家，亲家，你们到底是干亲家，还是湿亲家？"

人们有时候这样探问着。

（孙犁《铁木前传》）

⑤ 这流氓，是殖民地上的洋大人的宠儿，——不，宠犬，其地位虽在主人之下，但总在别的被统治者之上的。

（鲁迅《“民族主义文学”的任务和命运》）

⑥ 作诗的人，叫“诗人”，说作诗的话，叫“诗话”。李有才作出来的歌，不是“诗”，明明叫作“快板”，因此不能算“诗人”，只能算“板人”。这本小书既然是说他作快板的话，所以叫作“李有才板话”。

（赵树理《李有才板话》）

例③④是用更换反义语素的方法仿造新词语。例③“家庭妇男”是“家庭妇女”的仿造词，例④“湿亲家”是“干亲家”的仿造词，听起来诙谐幽默。例⑤⑥是用更换类义语素的方法仿造新词语。例⑤“宠犬”是根据“宠儿”仿造的，增强了对帝国主义走狗的讽刺意味。例⑥“板人”“板话”是仿照“诗人”“诗话”而造的，颇具情趣。

（二）仿词的修辞作用

1. 使语言新颖，幽默风趣

⑦ 凤姐笑道：“……你疼顾照看他们，谁敢说个‘不’字儿？没的白便宜了外人——我这话也说错了，我

们看着是‘外人’，你却看着‘内人’一样呢！”说的满屋里人都笑了。

（曹雪芹《红楼梦》）

⑧ 第二天早起，她们的头发上结了霜。男同志们笑她们说：“嘿，你们演‘白毛女’都不用化装了！”她们也笑男同志：“还说哩，你看，你们不是‘白毛男’吗？”

（魏巍《年轻人，让你的青春更美丽吧！》）

例⑦的“内人”是由“外人”仿造出来的。我国封建时期丈夫在别人面前通常称自己的妻子为“内人”。这里由“外人”仿造出“内人”，使语言妙趣横生，听起来好笑。例⑧的“白毛男”是从“白毛女”仿造出来的，使得语言新颖诙谐，幽默风趣。

2. 加强语势，突出事物的矛盾对立性

⑨ 从北伐后期直至现在，连“第一步”也丢了，站在反人民的立场上，所以一天一天腐败堕落，除了“内战内行”之外，对于“外战”就不能不是一个“外行”。

（毛泽东《论联合政府》）

作者用“内战内行”和“外战”“外行”的矛盾对立性，犀利地揭露了反动派对内实行高压政策，确实是“内行”；而对帝国主义则卑躬屈膝，极尽献媚之能事，对抵抗美帝国主义的侵略，则表现得非常谦恭，以“外行”来掩饰所执行的不抵抗主义的投降政策。用仿词手法既简明，又犀利，收到了一语破“敌”之功效。

3．强调话题内容

⑩ 鸳鸯喜之不尽，拉了他嫂子，到贾母跟前跪下，一行哭，一行说……“……我是横了心的，当着众人在这里，我这一辈子莫说是宝玉，便是‘宝金’‘宝银’‘宝天王’‘宝皇帝’，横竖不嫁人就完了！……”

（曹雪芹《红楼梦》）

这里的“宝金”“宝银”是从“宝玉”仿造出来的。宝玉又叫“宝二爷”，“宝天王”“宝皇帝”是从“宝二爷”仿造来的，这样连续仿造，对“宝玉”这个话题进行了着重强调，充分表达了说话人的激动之情。

总之，仿词是群众喜爱的生动活泼的修辞方式，具有通俗、朴实、风趣的口语化风格。它在特定的语言环境中，往往显得清新活泼，能够启发人们联想，使之从联想中得到美的享受。

（三）运用仿词应注意的问题

仿词都是临时创造的，它的特定含义一定要清楚明白，特别是当被仿的词不出现时，单用仿词要加引号，使人一目了然，如例②中的“望‘杨’兴叹”。

此外，仿词只须词语的结构形式相同，而文字和意义均须同中有异，异中有同，一定要有创新性。例如：

⑪ 龙二井又有油和水的矛盾，这是它的特殊性。周

队长说：要促使矛盾转化，就要捞水，把水捞干。我们想一不做，二不休，搞它个水落油出。

（电影文学剧本《创业》）

“水落油出”是仿“水落石出”而造的，讲述的故事是石油大会战中，石油工人认识了油层矛盾的普遍性和特殊性，做出了龙虎滩二号钻井一定能出油的科学论断。以“油”易“石”，不仅用语贴切，而且很有表现力度。

第四节　词语类辞格

一、反语

反语就是说反话，是故意运用与本意褒贬色彩完全相反的词语来表达本意的一种修辞方式。其基本模式是“褒贬相对，反义为用”。

（一）反语的类型

从表达的内容看，反语可以分为反话正说、正话反说两类。

1．反话正说型反语

反话正说型反语是用正面的语句去表达反面意思的一种

反语类型。例如：

①“清国留学生”……也有解散辫子，盘得平的，除下帽来，油光可鉴，宛如小姑娘的发髻一般，还要将脖子扭几扭。实在标致极了。

（鲁迅《藤野先生》）

② 有几个“慈祥”的老板到小菜场去收集一些莴苣菜的叶瓣，用盐卤渍一浸，这就是她们难得的佳肴。

（夏衍《包身工》）

③ 喝醉酒有很多“好处”。生活朴素，随遇而安，无论在水沟、路边、山崖、桥头，皆可呼呼大睡。喝醉酒，最能发挥表演才能，或哭或笑，或说或叫，或打或闹，或拉或尿……表演逼真，形象感人，谁也望尘莫及。

（失记）

例①作者先形象地勾画了清代那些出国镀金的浪荡子弟的丑态，后面再说“实在标致极了”这个反语，让人一看就知道不是赞美而是有力的讽刺。例②的“慈祥”“佳肴”都是反话正说，揭露了资本家的黑心肠。例③从字面看，说的都是喝醉酒的“好处”，其真意却是揭露喝醉酒有百害而无一利的事实，不仅会丑态百出，而且会有生命的危险。

2. 正话反说型反语

正话反说型反语是用反面的语句去表达正面意思的一种反语类型。例如：

④ 不过，拉自己老婆后腿的党员也有的是呢。我那个死鬼，就是这路货。

（王汶石《新结识的伙伴》）

⑤ 她们又说笑起来。坐在船头脸朝后的一个噘着嘴说：“你看他们那个横样子，见了我们爱搭理不搭理的！”

（孙犁《荷花淀》）

⑥ 成岗迟疑了一下，又提出新的要求，“把收听广播的任务也交给我吧，我的工作的确不重！”

“你简直是‘野心’勃勃！才给别人写信致敬，又要叫别人‘失业’？我早就看穿了你的思想活动！”李敬原眼角透出一丝笑意，但很快就消失了。

（罗广斌、杨益言《红岩》）

例④的“死鬼”是用反面的话去表达正面的意思，“死鬼”是对自己丈夫的昵称，话中含有一种非常复杂的感情。例⑤的“横样子”本意是指蛮不讲理而且十分霸道的样子，这里是正话反说，贬词褒用。例⑥李敬原对于成岗勇挑重担争取为党多做工作的行为，明明是喜爱的赞扬的，但偏偏说“你简直是‘野心’勃勃！”这个反语，让人感到怨里含爱，亲切可喜。这是复杂感情合理而曲折的表现。

（二）反语的修辞作用

反语常用于文学作品和政论文中。嘲讽性的反语，往往用谈笑的口吻，代替愤怒的声音，它常常抓住对方的弱点，给以嘲讽，使对手陷入尴尬的境地，让语言深刻有力，读起来有“仇者痛，亲者快”之感，具有很强的“战斗力”。鲁迅是运用反语的高手，他说：“爱用反语，每遇辩论，辄不管三七二十一，就迎头一击……”（《致许广平》）例如：

> ⑦ 当三个女子从容地转辗于文明人所发明的枪弹的攒射中的时候，这是怎样的一个惊心动魄的伟大呵！中国军人的屠戮妇婴的伟绩，八国联军的惩创学生的武功，不幸全被这几缕血痕抹杀了。
>
> （鲁迅《记念刘和珍君》）

例⑦用“文明”“伟绩”“武功”等表示褒义的词语来表达否定的态度，讽刺谴责中外反动派，感情色彩强烈，给敌人猛烈一击，战斗力很强。

有一些反语，可表达亲昵、喜爱或戏谑的感情，使人感到亲切。例如：

> ⑧ 金桂抓住玉凤一条胳膊又用一个拳头在她头上虚张声势地问她：“你不是说是你李成哥回来了？”
>
> 玉凤缩住脖子笑着说：“一提他你去得不快点？”
>
> “你这个小捣乱鬼！”金桂轻轻在玉凤脊背上用拳头按了一下放了手……
>
> （赵树理《传家宝》）

（三）运用反语应注意的问题

1. 注意语言环境烘托

反语是在特定的语言环境中的一种特殊的表达方式，它对语言环境的依赖性很强。例如例⑦提到“中国军人的屠戮妇婴的伟绩”，正因为前面有“屠戮妇婴”这个定语，后面的“伟绩”才成为反语。脱离了特定的语境，就构不成鲜明生动的反语。

2. 语意要明确

反语不能说得含糊其辞，使人把“反语”误解为“正意”。为了使反语的语意更加明确，常给反语加上引号，或者加上“似乎”“所谓”“如此”“什么”之类字眼，或者在语调情态上加以特别强调和暗示。例如“好个国民党政府的‘友邦人士’！是些什么东西！”（鲁迅《“友邦惊诧”论》），此句字字如弹，投向敌方，气势凌厉逼人，表现出极大的愤慨。

有时把反语和正意连在一起，先说正意，再说出反语，正反相比，语意十分明确。例如：

> ⑨ 他将帝国主义的侵略，说成“外来者带来了进取性”。看呵，多么美丽的名称——“进取性”。
>
> （毛泽东《唯心历史观的破产》）

例⑨先写出正面的意思“外来者带来了进取性”，然后用反语“多么美丽的名称”，前后正反对比，揭下了“进取性”的骗人面纱，使话语鲜明有力。

二、双关

双关是用一个（几个）词语或一句（几句）话同时表达

出双重意思的一种修辞方式。这里所关涉到的双重意思，一重是表面的意思，一重是暗含的意思，而暗含的意思往往是说话人主要的意思。也就是说，双关的辞式常常是言在此而意在彼，能收到含蓄风趣的表达效果。有一次，侄儿周晔在鲁迅家里吃晚饭，他望着鲁迅的鼻子说："大伯，您和爸爸哪儿都像，就是有这么一点不像。"鲁迅问："哪一点不像呢?"周晔说："爸爸的鼻子又高又直，您的呢，又扁又平。"鲁迅摸了摸自己的鼻子，笑着说："你不知道，我小的时候，鼻子跟你爸爸的一样，也是又高又直的，到了后来，碰了几次壁，把鼻子碰扁了。"周晔不明白，说："碰壁，您怎么会碰壁呢?是不是您走路不小心呢?"鲁迅说："你想，四周围黑洞洞的，还不容易碰壁么?"周晔这才恍然大悟："墙壁当然比鼻子硬得多了，怪不得您把鼻子碰扁了。"引得在座的人哈哈大笑起来（周晔《我的伯父鲁迅先生》)。鲁迅这里用的"碰壁"，表面上看来好像是指碰了墙壁，实际上表达的是跟黑暗的社会做斗争遇到挫折，一语双关。这里就用了双关的修辞方式。

（一）双关的类型

从构成的要素看，双关可以分为谐音双关、语义双关两类。

1. 谐音双关

谐音双关是利用同音或近音表达双重意思的一种双关类型。例如：

① 我失骄杨君失柳，

杨柳轻飏直上重霄九。

（毛泽东《蝶恋花·答李淑一》）

② 她说："我有约法三章，第一，你得听我的。""那当然！"我心想，大不了你当家长，我当副家长，叫人家笑我气管炎。

（郑九婵《能媳妇》）

③"俺跟你是鸡市鸭市鸽子（各自）另一市（事）！"黄二楞说，"俺刚才去送信，把扇子忘在那里了！"

（郭澄清《大刀记》）

例①的"杨柳"表面意思是指杨花柳絮，实指杨开慧、柳直荀两位烈士，赞扬他们为革命献身、视死如归的精神。例②的"气管炎"是"妻管严"的谐音，这样表达显得风趣活泼。例③"鸽子"和"各自"谐音，"市"和"事"谐音，表面意思是"鸽子""市"，暗含的意思是"各自"的"事"。

有些歇后语就是利用谐音双关构成的。例如：

腊月的萝卜——冻了心（动了心）。

外甥打灯笼——照舅（照旧）。

月亮里点灯——空挂明（空挂名）。

光头打伞——无发无天（无法无天）。

2. 语义双关

语义双关是利用词语的多义性表达双重意思的一种双关

类型。例如：

④ 我躺着，听船底潺潺的水声，知道我在走我的路。

（鲁迅《故乡》）

⑤“我以为他们已经护送你出城了呢，没想到你现在还站在这十字街口！”

（姚雪垠《李自成》）

⑥ 他坐在水车井上抽了两袋闷烟，看着地里女人们领着小孩子欢天喜地往家里跑着，家家户户灶房上冒起了一股股青烟，他越觉得不是味。他心里想：“嗨！别看老了，这独木桥还不好过哩！”

（李准《“三眼铳”掉口记》）

例④“我在走我的路”表面上指水上行船的路，实际暗指人生的道路。例⑤的“站在十字街口”，暗含意思是在歧路徘徊，拿不定主意。例⑥明里是说“独木桥”不好过，实际是说独自一人的生活不好打发。

（二）双关的修辞作用

双关是“指物借意”，有弦外之音。恰当地运用双关，可曲折地表达思想感情，造成语意的含蓄，使读者“咀嚼起来，真如橄榄一样，很有些回味”（鲁迅《“滑稽”例解》）。

双关可以使表意隐晦曲折，因而在某些特定的场合里，不便把话直接说出来，就可运用双关的手法。传说有这样一个故事：

从前，有个贪官，老百姓都恨透了他。贪官有个癖好，就是爱听人家讲故事。有一年，当地闹饥荒，贪官看到捞钱的机会又到了，便借粜谷（卖粮食）为名，把谷价抬高了几倍，并且一定要籴谷人（买粮食的人）讲一个故事，才粜谷给他。一天，有许多农民去找贪官籴谷。贪官硬要他们先讲故事。这时，一个农民从人堆里站出来说道："老爷，我讲一段三国的故事吧。"那农民马上讲起故事来："刘皇叔在襄阳的时候，刘表想设计害死他。刘皇叔知道了这个消息，就赶快骑马逃走，他逃到一个地方，前面有条小河拦住去路，水很急，马过不去。这时，刘表的追兵到了。真是危急万分！刘皇叔慌了，狠狠地在马屁股上加了几鞭，喝道'畜生，我生命危在旦夕，你还不快跳！'那马挨了鞭子，就用力一跳，跳过了河，飞快地跑了。刘表的人马追到河边，只好望河兴叹。"贪官听了很高兴，吩咐差人把谷粜给这个农民。过了一会，贪官若有所悟，突然大叫起来："来人啊！他在玩弄老爷，快去把那个穷鬼追回来！"可是，那个农民早有准备，跑得不知去向了。

"跳"与"粜"同音，"畜生，我生命危在旦夕，你还不快跳"，表面是骂马，实际上是骂贪官"畜生，我们都快饿死了，你还不快些把谷子粜给我们"。这个农民在特定的场合里巧妙地用双关手法跟贪官做斗争，取得了很好的效果，充分体现了人民群众的聪明才智和善于斗争的精神。

老舍先生说过："文字要生动有趣，必须利用幽默。"（《谈幽默》）要使语言幽默风趣、生动活泼，恰当地运用双关，是方法之一。例如：

⑦ 天黑鸟归巢，老奶奶手拄拐杖上民校。
路上碰见青年小阿苗，把他吓了一大跳：
“老奶奶还是回去吧，大黑天怎么看得到！”
“傻瓜！老奶奶因为看不到，所以才去上民校。”
（浙江民歌《老奶奶上民校》）

“看不到”表面上是回答阿苗的，好像老奶奶承认自己的眼睛看不到，其实是在表达自己不识字，不能读书看报，所以要去上民校。一语双关，生动而又风趣地表达了老奶奶要求摘掉文盲帽子的迫切心情。

幽默风趣常常和讽刺嘲弄一块儿出现。运用双关不仅能使语言诙谐有趣，还能使语言富有讽刺意味，表达憎恶的感情。例如：

⑧ 罗秀才：莫逞能来莫逞能，
三百条狗四下分，
一少三多要单数，
三秀才：（合）看你怎样分得清。
三姐：九十九条打猎去，
九十九条看羊来，
九十九条守门口，
还剩三条……

三秀才：三条什么？

三姐：　……狗奴才。

（歌舞剧《刘三姐》）

这是刘三姐跟“陶”“李”“罗”三个秀才的对歌。“三条狗奴才”妙语双关，幽默中夹着讽刺，在轻松活泼的气氛中无情地奚落和嘲弄了这三个愚蠢的秀才，表达了对他们的蔑视和憎恶。

（三）运用双关应注意的问题

运用双关必须注意思想内容，要服从表达的需要，反对庸俗化。为了追求语言的低级趣味，或者故意绕弯子而滥用双关，不但不能增强语言的表现力，反而会影响语言的纯洁和健康。

双关不仅要蕴蓄深厚，耐人寻味，避免平淡如水、无思索余地的用法，而且还要求表意明确，不能打哑谜。如果含混晦涩，使人捉摸不透，那就失去双关的意义了。因此，运用谐音双关必须注意双重意义的词语在语音上的相同或相近，有时还要用括号注明有关的谐音字，以免晦涩难懂。运用语义双关必须注意词语的多义性以及双重语义跟客观事物的临时联系。这种临时联系是借助一定的语境建立起来的，离开了语境，就很难体会出表面意义之外的暗含意义了。

三、婉曲

婉曲是用委婉、含蓄或旁及的话语来暗示本意的一种修辞方式。婉曲也叫委婉、婉说或婉转。我国古典文学作品中经常运用这种修辞手法。唐代刘禹锡《乌衣巷》诗："朱雀桥边野草花，乌衣巷口夕阳斜。旧时王谢堂前燕，飞入寻常百姓家。"要说的明明是世事急剧变迁，封建贵族的荣华富贵如春梦幻灭，却用燕子飞归加以委婉烘托。

婉曲能给人以回味，因为从艺术性、思想性的深度来看，沉痛比大恸更感人，郁怒比暴怒更威严，喜上眉梢比夸在嘴上的高兴更实在，心心相印比热烈拥抱更深沉。所以，人们历来很重视这种具有含蓄、深挚的表现力的婉转手法。宋代司马光在《温公续诗话》中说："古人为诗，贵于意在言外，使人思而得之。"他还举了杜甫《春望》一诗为例，"国破山河在，城春草木深"两名句中，"山河在"是暗示国土沦亡，一切东西都被抢掠焚烧精光，只余存"山河"；"草木深"是暗示春天虽到，但战乱区中不见人影，只见草木森森。至于古代诗人用衣带宽长来表现人的忧思，更是常见的婉曲手法。因为忧思会使人消瘦，消瘦会使腰带松缓。这是"婉"而"转"上两个弯子。例如《古诗十九首》中"相去日已远，衣带日已缓"、宋代柳永《凤栖梧》"衣带渐宽终不悔，为伊消得人憔悴"都是以婉曲来表达深情的。

婉曲手法，并不新奇。我们日常生活里也经常在用，不过有时可能未曾留意是修辞手法而已。例如，说肚子饿，一下把饭吃光了，就用"锅底朝天啦"来表示；要说"应该做某件事"，只说"最好还是去做那件事"，诸如此类，都运用了婉曲的修辞手法。

(一) 婉曲的类型

从表达目的看，婉曲可以分为婉言和曲语两类。

1. 婉言

婉言是为了减弱话语的刺激性而把话说得婉转一些的一种婉曲类型。例如：

① 由于大家都知道的原因，两国人民之间的来往中断了二十多年。现在，经过中美双方的共同努力，友好来往的大门终于打开了。

(《周总理在欢迎尼克松总统的宴会上的祝酒词》，《人民日报》1972年2月22日)

②“长妈妈生得那么胖，一定很怕热罢？晚上的睡相，怕不见得很好罢？……”

母亲听到我多回诉苦之后，曾经这样地问过她。我也知道这意思是要她多给我一些空席。

(鲁迅《阿长与〈山海经〉》)

③ 但是他们有时候很固执，我有时候也不耐烦，这便用着叱责了；叱责还不行，不由自主地，我的沉重的手掌便到他们身上了。

(朱自清《儿女》)

例①由于外交礼节的需要，为避免旧事重提，用“大家都知道的原因”委婉表达了自己的意思，既把话点到了，又不伤害对方，便于对方接受，有利于两国关系健康发展。例②本意是要“她”多留一些空席给同床的“我”，为了把话说得婉转些，不直接说“一定很怕热”，也不直接说“睡相不好”，而是选用猜测的语气。不好——不见得好——不见得很好——怕不见得很好——怕不见得很好吧：都在说“睡相不好”，但语气一句比一句缓和。“睡相怕不见得很好吧”语气要比“睡相不好”婉转多了。例③不说“打（儿女）”而说“沉重的手掌便到他们身上了”，也是为了把话说得婉转些。

2. 曲语

曲语是为了增强语意或其他目的而把话说得含蓄曲折一些的一种婉曲类型。例如：

④ 那时人说：因为伊，这豆腐店的买卖非常好。但这大约因为年龄的关系，我却并未蒙着一毫感化。

（鲁迅《故乡》）

⑤ 原谅他吧，因为他“光是没朝滈河滩里的石头借过钱”。

（柳青《一九五五年秋天在皇甫村》）

⑥ 挺杉，你们这儿吃盐不要钱吧？

（电影文学剧本《创业》）

例④作者故意闪烁其词，不把正面意思说出来，而是说了半句，造成空虚，暗示年轻时的杨二嫂曾是故乡美丽漂亮、惹人注目的女性。例⑤“光是没朝滈河滩里的石头借过钱”说明他向任何人都借过钱。但是，富人有钱不肯借，穷人肯借没有钱，困难实在不少。例⑥是菜盐放多了烧咸了的曲折表达。

（二）婉曲的修辞作用

1．能鲜明地表明人们的立场、感情和态度

⑦ 有时感觉到女儿女婿实在并没有“那个”，会有一天，搭，搭，搭，叩门声是他们特别的调子，开进来，是肩并肩的活泼可爱的两个。

（叶圣陶《夜》）

例⑦中，女儿、女婿是被反动派枪杀的。善良的母亲不忍用“枪毙”“杀死”之类刺激性很强的字眼，于是用委婉的说法“那个”，恰当地表现了人物的心情。“死”是不吉祥的事，为一般人所不喜欢，因此说到“死”，人们往往用婉言。但因为爱憎褒贬的不同，选用什么说法也就大有讲究：可以用“逝世”“去世”“故去”“作古”“长眠”“老了”“没了”“谢世”“辞世”；可以用“与世长辞”“辞了人间”“去见马克思”“停止了呼吸”“心脏停止了跳动”“永别了”；可以用“断气”“送命”“报销”“咽了气”“伸腿瞪眼”；也可以用“丧命”“回老家”“见阎王”“翘辫子”“一命呜呼”“呜呼哀哉”。采用什么说法，完全决定于作者的立场、感情和态度。

2．可以加强表达效果

对人提意见、提要求，有时要直率明白，“直言不讳”，有时却要把话说得婉转一些。有的时候恰当地运用婉曲，能够使对方更易于接受。如例②说睡相“怕不见得很好罢”比直截了当地说“睡相不好”婉转些，效果也更好些。

3．可以增强含蓄的意味，把话说得委婉曲折一些

婉曲的这种作用，我们可以从例④⑤⑥明确地看出来。

婉曲是智慧的表露，是以暗示、幽默、含蓄的方式，让对方领会言外之意。虽不直说，但仍要感情真挚，表意明确，是非分明，决不能油腔滑调，含沙射影，半吞半吐。

在谈自己时，采用谦逊的说法，把自己的观点说成“粗浅的认识”“不成熟的想法”“不当之处，请批评指正”等；在交换意见时，运用商量的口气，选择疑问句式，问“这个办法好不好？”“能不能给我们提点意见？”对别人不愿谈的事，不要寻根问底使人为难；在指出别人错误时，最好用若无其事的方式提醒别人；在受到赞美时，只要认为是值得的，可报以微笑，说“过奖了，非常感谢！”这种适度的谦虚，可博得欢迎；在发现自己有过错时，立即承认并坦率地道歉，这样，就可取得谅解；在遇到不便回答的难题时，可找理由闪避，譬如说“人家要我保密，真对不起”，或拖延时间，说“请别急，以后告诉你”。在拒绝无理要求时，也要委婉含蓄，譬如说“您向我反映，是信得过我，但我个人很难做出决定，请谅解”，这样，既没拿原则做交易，又表现出同情，使人感到热乎乎的；在外事会见时，更需要婉曲，如把拒绝回答说成“对不起，无可奉告”，把意见分歧说成“坦率地交换了意见”，把反对说成“表示关注”或“很遗憾”，有时也可采用别人的话来间接表态。

“握手、微笑”是交际的先行官，是婉曲的重要内容。通过婉曲，不相识的能够更好地表达出相识的愉快，相识的能够更好地表达出良好的祝愿，久别重逢的能够更好地表达出热情

的问候，闹了矛盾的也能更顺利地将矛盾化解，重归于好。

四、拈连

拈连是在连说甲乙两事物时，将适用于甲事物的词语，顺势用于乙事物之上的一种修辞方式。有个小伙子骑自行车撞倒了一位老太太，竟毫不理会，飞快地骑走了。这时，有位女同志走来，一面搀扶着老太太，一面向小伙子喊道："你丢东西了！"小伙子返回来问："我丢了什么东西？"女同志慢慢地扶起了老太太，说："你呀，丢了道德。"这一句话，说得小伙子一怔，满脸通红。"丢"这个字，本来适用于"东西"，可以说"丢东西"，但它不适用于"道德"。在以上故事中，女同志把"丢"一字"拈"来，"连"在"道德"之上，说成"丢了道德"，变不通为畅通，变失误为巧妙。在这种语言环境中，它不仅读起来通顺，而且听起来新颖，让人感到生动别致，意味深长。

（一）拈连的类型

从甲乙两事物拈连的方式看，拈连可以分为全式拈连与略式拈连两类。

1．全式拈连

全式拈连是甲乙两事物都出现，拈连词语像锁链一样，将前后两事物联系在一起的一种拈连类型，其中的拈连词语不可省略。例如：

① 蜜蜂是在酿蜜，又是在酿造生活；不是为自己，而是在为人类酿造最甜的生活。

（杨朔《荔枝蜜》）

② 人生即文学，有的写在纸上，有的写在心上，仅此不同而已。

（周同宾《乔典运辞世五年祭》）

③ 铁窗和镣铐，坚壁和重门，
锁得住自由的身，
锁不住革命精神！
…………
黄饭和臭菜，蚊蝇和虱蚤，
瘦得了我们的肉，
瘦不了我们的骨。

（杨沫《坚强的战士》）

例①把本适用于“酿蜜”的“酿”，顺势拈来用在“又是在酿造生活”这样的句子中，使本来互不搭配的词语，临时自然顺畅地搭配起来，形象而深刻地揭示了蜜蜂的无私奉献精神。“酿”用在前后两个事物的叙述之中。例②前后两事物的叙述中都用了“写”这个动词，把本适用于“写信”“写文章”的“写”连下来用在“有的写在心上”的句子中，同样使本来不能组合的词语，临时组合起来，表达了深沉而复杂的思想感情。例③把适用于“身”的“锁”巧妙地用到“精神”上，把适用于“肉”的“瘦”巧妙地用到“骨”上，突出强调了革命战士高尚情操、宁死不屈的无畏精神。

拈连中的两个事物，甲事物一般都是具体的，多数在前；乙事物一般都是抽象的，多数在后。根据表达需要，有时也把甲乙两事物颠倒次序，即乙事物在前，甲事物在后。例如：

④ 一双茧手力万钧，
辦开大山夺乌金。
壮志在胸镐在手，
干劲万吨煤万吨。

（李隆汉《采工》）

例④一般说“煤万吨”，不说“干劲万吨”，作者利用甲事物“煤”的联系，把“万吨”拈来说“干劲”，而且先说乙事物“干劲”后说甲事物“煤”。

2. 略式拈连

略式拈连是将甲事物省略，或将甲事物中的拈连词语省略，只保留乙事物的一种拈连类型。这种情况下，借助上下文，省略的内容还是清楚的。例如：

⑤ 咚——咚——咚咚咚。声音单调吗？一点也不觉得。因为每一声咚咚都敲出对旧事物的诅咒，敲出对新生的人民共和国美好的祝愿。

（萧乾《鼓声》）

⑥ 思想这个东西，用绳子是捆不住的。

（赵梓雄《未来在召唤》）

⑦ 我只是伫立凝望，觉得这一条紫藤萝瀑布不只在

我眼前，也在我心上缓缓流过。

（宗璞《紫藤萝瀑布》）

例⑤省略了“敲出咚咚声”的甲事物，只出现乙事物“都敲出对旧事物的诅咒，敲出对新生的人民共和国美好的祝愿”。例⑥也省去了甲事物具体可感的实物可以用绳子捆住之类的叙述，只出现乙事物——抽象的思想，认为它“用绳子是捆不住的”。例⑦省掉了甲事物中的拈连词语“流过”，只出现甲事物“紫藤萝瀑布”、乙事物“也在我心上缓缓流过”。它们都是略式拈连。

（二）拈连的修辞作用

拈连是由一个现成词语的固有意义凭借特定语境临时引出一个新的意义，而新意义与固有意义具有明显的差别。这样在一个句子里，两个形式相同而概念不同的词语呼应着用，语言就显得活泼新颖，给人鲜明的印象。在拈连辞格中，拈连的词语一般都是由运用具体的事物拈连表现比较抽象的事物，使抽象事物变得具体化、形象化。例如：

⑧ 一年树谷，十年树木。

（谚语）

例⑧以甲事物“树木”拈连到乙事物“树谷”，说明一季粮食需付出整年的辛劳，如同需付出十年辛劳才能育成树木一样，用语生动，表意深刻。

（三）运用拈连应注意的问题

1. 拈连要受到前后词语的严格制约

拈连以词语的通常用法作基础，并且要连得自然顺当，才能取得好的表达效果。例如：

> ⑨ 街市渐渐平静了，珠江水啊，载着一船船商品，载着一船船欢笑，载着一船船酒一般香醇的生活味儿，离开了小墟……
>
> （杨羽仪《沸腾的墟日》）

例⑨的“载着一船船欢笑，载着……生活味儿”这句话，如果没有“载着一船船商品”这层意思作为前提，那就是词语搭配不当了。

2. 注意甲乙两事物在语义上必须有内在联系

被拈连的两个事物，甲事物是乙事物的根据或条件，乙事物只有联系甲事物才能得到确切深刻的理解。例如：

> ⑩ 在高原的土地上种下一株株的树秧，也就是种下了一个美好的希望。
>
> （戈丁《植树歌》）

种树是造福后代的大事，所以说它和“种下了一个美好的希望”是有内在联系的，二者的内在联系是构成拈连的基础。

第五节 句式类辞格

一、对偶

对偶是把字数相等、结构相同的两个句子或短语对称排列在一起，表示相反、相关或相连意思的一种修辞方式。古代宫廷护卫列队持仗（杖）相对而立，在形式上跟对偶一样对称，所以，人们把对偶也叫作“对仗”。汉语中的“骈”字有并列对偶的意思，“丽”字也有成对的意思，所以，两汉、魏晋南北朝时期把对偶称为“骈丽”或“丽辞”。尤其在南北朝时期，骈文兴盛，对偶的用法更加流行。诗歌也逐渐讲对偶，演化成唐代的律诗，规定八句诗的中间四句非用对偶不可，这样，把对偶创作推向了高潮。由于文学创作和民俗的需要，对偶成为汉语修辞特有的修辞方式，是对中华民族文化传统的一种继承。它由文人的自我欣赏，发展为群众的实际需要，在这个过程中对偶的种类也逐渐多样化；它由形式上的对仗，发展成“形相对，神相联”的内容和形式高度统一的修辞方式。

（一）对偶的类型

从内容上看，对偶可以分为正对、反对和串对；从结构上看，对偶可以分为严对和宽对。

1. 正对

正对是由两个意思相近的语句构成的一种对偶类型，又称平对。例如：

① 草萤有耀终非火，
荷露虽团岂是珠。

（白居易《放言》）

② 他只知攀登，在千仞深渊之上；他只管攀登，在无限风光之间。

（徐迟《哥德巴赫猜想》）

③ 可是做工是昼夜无休息的：清早担水晚烧饭，上午跑街夜磨面，晴洗衣裳雨张伞，冬烧汽炉夏打扇。

（鲁迅《聪明人和傻子和奴才》）

例①以相等的字数和相同的词性构成了整齐匀称的形式，上下联表达了相似的内容，告诉人们不要被表面现象所迷惑。例②上下联意思密切相关，上联侧重写攀登的艰险，下联侧重写攀登的乐趣，都是歌颂陈景润攀登科学高峰的乐观进取精神。例③是两个对偶连用，上下联都是相关的，道出了做工起早摸黑、四季忙碌的艰辛。

2. 反对

反对是由两个意思相对或相反的语句构成的一种对偶类型。例如：

④ 勤奋和智慧是双胞胎，

懒惰和愚蠢是亲兄弟。

（谚语）

⑤ 对人民，你比炭火更温暖，
对敌人，你比钢刀更锋利。

（李瑛《一月的哀思》）

⑥ 这种态度，有实事求是之意，无哗众取宠之心。

（毛泽东《改造我们的学习》）

例④上下联是相反关系，把勤奋增长智慧、懒惰逐渐愚蠢的道理讲得既形象集中，又十分深刻。例⑤上下联分别从对人民对敌人两个方面，说明周恩来总理爱憎分明的立场。例⑥的对偶表明这种态度是真心诚意，而不是虚情假意，两联形成鲜明的对照。

3. 串对

串对是由两个意思紧相串联的语句构成的一种对偶类型。上下联是“相串成对”的，不是平列的，有如流水顺连而下，所以又叫“流水对”。例如：

⑦ 昨夜春风才入户，
今朝杨柳半垂堤。

（对联）

⑧ 不因鹏翼展，
哪得鸟途通？

（陈毅《六国之行》）

⑨ 豪门不下地狱，

穷户难进天堂。

（谚语）

例⑦上下联是顺承关系，例⑧是因果关系，例⑨是假设关系。这种对偶上下联内容衔接紧密，串联成一个复句，显得十分顺畅紧凑。

4．严对

严对是要求上下分句字数相等、结构相同、意义相关、词性相同、平仄相对的一种对偶类型。严对中往往没有重复的字，各要素之间对得十分工整。例如：

⑩ 无边落木萧萧下，
不尽长江滚滚来。

（杜甫《登高》）

⑪ 梦里依稀慈母泪，
城头变幻大王旗。

（鲁迅《惯于长夜过春时》）

例⑩上联是“平平仄仄平平仄”，下联是“仄仄平平仄仄平”；例⑪上联是“仄仄平平平仄仄”，下联是“平平仄仄仄平平”。这种严式对偶形式整齐，韵律和谐，抑扬顿挫，朗朗上口。我国古典诗歌中的格律诗很讲究平仄相对和词语的对仗，所以多用严式对偶。

5．宽对

宽对是在格式上要求不那么严格的一种对偶类型。它只要求结构基本相同，音韵大体和谐，可以用相同的词，只要基本符合对偶的格式就可以了。例如：

⑫ 勇敢的人，经常责备自己；懦弱的人，经常抱怨别人。

（谚语）

⑬ 惨象，已使我目不忍视了；流言，尤使我耳不忍闻。

（鲁迅《记念刘和珍君》）

现代汉语中的对偶不要求严对，一般只要求宽对。这样，便于人们用较为自由的语言形式，表达自己所要表达的内容。

（二）对偶的修辞作用

对偶是长期的语言审美活动中创造总结出来的一种语辞优化模式，运用十分广泛。各种语体、各种交际场合都适用。人们常常用它来勉励、评论、庆贺、咏叹、哀悼、讽刺。几千年来，对偶之所以为群众所喜闻乐见，是因为它具有深厚的艺术魅力。这种艺术魅力可以用鲁迅先生的话来概括："意美以感心，一也；音美以感耳，二也；形美以感目，三也。"（《汉文学史纲要·自文字至文章》）对偶的修辞作用可以归纳为两条。

1. 给人以均衡美感和音乐美感

⑭ 绿树村边合，

青山郭外斜。

（孟浩然《过故人庄》）

例⑭上下两句犹如一对并蒂花，音节整齐，结构相同，词性相对而且平仄相对。这样，不仅显得工整均衡，而且读起来朗朗上口，听起来和谐悦耳，给人以匀称美和音律美的艺术享受。

2．给人以丰富的隐含美感

⑮ 振兴国业，
培育英才。

（对联）

⑯ 此木为才山山出，
因火成烟夕夕多。

（对联）

⑰ 两船并行，橹速不如帆快；
八音齐奏，笛清难比箫和。

（对联）

例⑮是一副贺联，一对青年结婚，男青年名叫振国，女青年名叫培英。贺联中运用了镶嵌手法，巧妙地将新婚夫妇的名字镶嵌进去，珠联璧合，十分含蓄风趣。例⑯在对偶中还隐含着析字手法，显得活泼有趣，给人印象深刻。例⑰表面上看，是几种事物的比较，实则利用语音双关的手法巧妙地来评价历史人物，言近旨远，意味深长。上述三例不仅都有均衡的外形美，而且有丰富多彩的隐含美。

（三）运用对偶应注意的问题

1．避免上下联意思雷同

⑱首都传捷报，
北京报佳音。

例⑱上下联字面上虽然不同，但意思却完全一样。它既没有从不同的角度来突出强调一个内容，又没有相互补充的作用。

2．避免上下联在内容上互相包容

⑲稻谷堆成山，
粮食积满仓。

例⑲中“稻谷”和“粮食”对举很不合适，因为“粮食”包含着“稻谷”，因此，两句就显得轻重不一致了。

3．避免上下联倒置

在串对中，上下两联的排列是有次序的，否则，就会杂乱无章。例如：

⑳提高经济效益，
改善管理方法。

例⑳上下联就犯了倒置的毛病，应颠倒两句的次序才符合常理。

二、排比

排比是用一连串结构相同或相似、语气一致的语句去表达相关内容的一种修辞方式。

（一）排比的类型

从排比的形式看，常见的有词的排比、短语的排比和句子的排比。

1. 词的排比

①看，这是何等
庄严、肃穆、伟大的
葬礼！

（李瑛《一月的哀思》）

② 灯塔上的人虽然来自四面八方，但却都有着共同的特点：勤劳、纯朴、健康。

（高源《灯塔风雨》）

例①是定语用三个词构成的排比，表现了周总理葬礼的隆重及人民的悲哀。例②由“勤劳、纯朴、健康”三个词构成的排比与“共同的特点”作句子的宾语。

2. 短语的排比

③ 这些是空谷幽兰、高寒杜鹃、老林中的人参、雪

岭上的雪莲、绝顶上的灵芝、抽象思维的牡丹。

（徐迟《哥德巴赫猜想》）

④ 白嘉轩还是听不明白，什么民主，什么封建，什么政治，什么民众，什么意见，这些新名词堆砌起来，他愈加含糊。

（陈忠实《白鹿原》）

⑤ 舞蹈者以整个的身心、整个的感情、整个的灵魂在舞台上舞着，观众们也必须打叠起全副精神来观看。

（郑振铎《轻歌妙舞送黄昏》）

例③是宾语用六个短语构成的排比，作者用它们对数学公式进行了形象的描绘。例④是主语用五个短语构成的排比，表现了白嘉轩时政知识的匮乏。例⑤是状语用三个短语构成的排比，对舞蹈者进行了高度评价。

3．句子的排比

⑥ 三仙姑也暗暗猜透大家的心事，衣服穿得更新鲜，头发梳得更光滑，首饰擦得更明，官粉搽得更匀，不由青年们不跟着她转来转去。

（赵树理《小二黑结婚》）

⑦ 生产多么需要科学！革命多么需要科学！人民多么需要科学！

（秦牧《向科学技术现代化进军的战鼓》）

⑧ 你如爱花，这里多的是锦绣似的草原。你如爱鸟，这里多的是巧啭的鸣禽。你如爱儿童，这乡间到处是可

亲的稚子。

（徐志摩《我所知道的康桥》）

例⑥用四个分句构成排比，从衣服、头发、首饰、官粉几个方面来刻画三仙姑，使这个人物栩栩如生。例⑦是三个单句构成的排比，强调了科学的重要性。例⑧是三个复句构成的排比，抒发了对康桥的赞美之情。

（二）排比的修辞作用

1. 极大地增强语言的气势，表现广阔的思想内容

⑨ 这时，人岛上又窜起一股一股烟柱，冲起一声又一声巨响，掀起一堆又一堆岩石；浓烟在空中聚拢，巨响在空中汇合，岩石在空中撞击。目下的峡谷啊，硝烟弥漫，炮声隆隆，碎石横飞。纷飞的碎石就像一把把铁锤从高空里猛砸下来，砸在浪头上，浪头砸碎了；砸在急流上，急流砸断了；砸在漩涡里，漩涡砸破了。那气势，那力量，好像要把三门天险，要把万里黄河一齐翻腾起来。

（吴烟痕《黄河上的巨人》）

这里一连四处使用排比，使三门峡动人心魄的爆破气势跃然纸上，具有强烈的感染力。

2. 可以把感情抒发得淋漓尽致

⑩ 瞧着这个社稷坛，你会想起了中国的泥土，那黄

河流域的黄土，四川盆地的红壤，肥沃的黑土，洁白的垩土……你会想起文学里许许多多关于泥土的故事：有人包起一包祖国的泥土藏在身旁到国外去；有人临死遗嘱必须用祖国的泥土撒到自己胸上；有人远适异国归来俯身去吻一吻自己国门的土地。这些动人的关于泥土的故事，使人对五色土发生了奇异的感情，仿佛它们是童话里的角色，每一粒土壤都可以叙述一段奇特的故事或者唱一首美好的诗歌一样。

（秦牧《社稷坛抒情》）

⑪ 他们的品质是那样地纯洁和高尚，他们的意志是那样地坚韧和刚强，他们的气质是那样地淳朴和谦逊，他们的胸怀是那样地美丽和宽广。

（魏巍《谁是最可爱的人》）

例⑩两处运用排比，通过与泥土有关的描绘和铺陈，将海外赤子眷恋祖国的深情充分体现出来。例⑪用四个“他们……”组成的排比句，抒发了作者对“最可爱的人”强烈的赞美之情。可见，在写作过程中，当激情满怀抑制不住时，常常使用排比，把奔放炽热的感情充分表露出来，使人读后觉得如大江东去，气势磅礴，受到强烈的感染。

3．增强语言的节奏感和旋律美

⑫ 从此偷鸡摸狗摘桃掐瓜之类的事顿然绝迹，摸牌九搓麻将抹花花掷骰子等等赌博营生全踢了摊子，打架斗殴扯街骂巷的争斗事件再不发生，白鹿村人一个个都

变得和颜可掬文质彬彬，连说话的声音都柔和纤细了。

（陈忠实《白鹿原》）

这里的“摸牌九搓麻将抹花花掷骰子”是四个三音节连在一起，“偷鸡摸狗摘桃掐瓜”与“打架斗殴扯街骂巷”是双音节对双音节，“顿然绝迹”“踢了摊子”“再不发生”“文质彬彬”“柔和纤细”都是四音节对四音节，音节匀称，句子整齐，显示出均衡的节奏来，从而造成一种整齐和谐、匀称有致的韵律美。

（三）运用排比应注意的问题

排比的形式必须与内容相适应，不能为了加强气势造成滥用。

使用时，排比的各项必须有典型性，切勿把一些不相干的事情拿来凑数。各项之间必须是轻重相称、平等并列的关系，不能相互包含。

下面是几个运用排比不当的例子：

⑬ 我从报上读了张海迪的事迹以后，觉得她的确是我们学习的模范，学习的表率，学习的榜样。

⑭ 我们的班长真行，他政治上心红眼亮，业务上努力钻研，个子吗，也长得不高不矮。

⑮ 在庆祝元旦的晚会上，我校师生演出了很多精彩的文艺节目，有歌舞，有曲艺，有合唱，有独唱，有相声，有舞蹈。

例⑬的“模范”“表率”“榜样”意思差不多，造成了同义重复。例⑭为了凑成排比，把“个子不高不矮”同“政治上心红眼亮”“业务上努力钻研”并列起来，显得不伦不类，而且“个子不高不矮”同班长行不行有什么关系呢？例⑮排比的各项次序较乱，其中有些项又互相包容，不能并列。

排比和对偶虽在形式上相似，但不相同：排比不止两项，对偶只限两项；排比在结构、字数等方面的要求，不像对偶那样严格。

三、层递

层递是连用结构相似、内容递升或递降的语句，表达层层递进的事理的一种修辞方式。无论是递升或递降，都是层层深入的。它借步步推进，使人们的认识层层深化，让人们对表达的事理产生深刻的印象。没有阶梯式升降的逻辑关系，就不会有层递的表达效果。

（一）层递的类型

从递进的方式看，层递可以分为递升和递降两类。

1. 递升

递升是按由小到大、由低到高、由浅到深、由轻到重等次序排列的一种层递类型。例如：

① 弱者与蚁争米，强者与狼争肉，智者与天地争生存。

（刘征《雕蛇篇》）

② 听说四川有一只民谣，大略是“贼来如梳，兵来如篦，官来如剃”的意思。

（鲁迅《谈金圣叹》）

③ 积财难，守财更难，而明智地花钱最难。

（谚语）

例①是按“弱者——强者——智者”的顺序排列的，表达了对智者的赞颂。例②按对人民剥削的轻重程度来排列，让人看到贼、兵、官一个比一个更具危害，表达了人民对官吏的憎恨。例③以“难”“更难”“最难”三个方面逐层递升的方式，表达了积财、守财、散财的难度不断增加。

2. 递降

递降是按由大到小、由高到低、由深到浅、由重到轻等次序排列的一种层递类型。例如：

④ 凡是到过长沙的，谁不知道有座岳麓山？游过岳麓山的，谁不记得爱晚亭呢？

（谢冰莹《爱晚亭》）

⑤ 圣人能看一丈远的世事；咱们凡人只能看一步远，看一步走一步吧；像黑娃这号混沌弟子，一步远也看不透，眼皮底下的沟坎也看不见。

（陈忠实《白鹿原》）

⑥ 他一直是魂思梦想着打飞机。眼前飞过一只孤雁，一只麻雀，一只蝴蝶，一只蜻蜓，他都要拿枪瞄瞄。

（郑直《激战无名川》）

例④“长沙——岳麓山——爱晚亭”范围由大到小，突出爱晚亭在人们心目中的地位。例⑤的“一丈”“一步”“不到一步”的距离是从长到短排列的，反映了人与人之间的差别。例⑥的“雁”“麻雀”“蝴蝶”“蜻蜓”，其形体由大到小，非常细致地刻画了战士想打飞机的急切心情。

（二）层递的修辞作用

层递的修辞作用在于可以使得语意环环紧扣，步步深入。用来说理，可以使道理阐发得一层比一层深入，增强语言的说服力；用来抒情，可以使感情表达得一步比一步强烈，增强语言的感染力。例如：

⑦ 看，站起来，
你一个雷锋，
　　我们跟上去，
　　十个雷锋，
　　百个雷锋，
　　千个雷锋！……

升起来，
你一座高峰，
　　我们跟上去，
　　十座高峰，
　　百座高峰！——
　　千条山脉呵，

万道长城！……

（贺敬之《雷锋之歌》）

以“一”“十”“百”“千”“万”为序组织语句，构成递升关系，抒发了诗人对雷锋的激越情思，突出了雷锋精神的巨大教育作用。

（三）运用层递应注意的问题

层递适用于各种语体，在政论语体和文艺语体中更为常见。运用时要注意两个问题：一方面构成层递的语句要有内在联系，表现阶梯式的层次差别；另一方面层递的各项要注意按事物之间的逻辑顺序排列，不能杂乱无章。例如：

⑧ 我们应该努力训练，为本人，为国家，乃至为团体在比赛中争得荣誉。

例⑧的次序是“小——大——小”，这是不符合层递要求的。

我们必须注意层递和排比的区别：在内容上，排比的各项是平列关系，层递的各项有等级关系；在形式上，排比要求结构相同或相似，层递的结构可以是不同的。

四、反复

反复是为了突出某个意思、强调某种感情而有意一再使用某个词语或句子的一种修辞方式。

（一）反复的类型

从形式上看，反复可以分为连续反复和间隔反复两类。

1. 连续反复

连续反复是把相同的词语或句子紧紧连接在一起的一种反复类型。例如：

① 山要碎，山要碎，
问句漳河是谁造的罪？

（阮章竞《漳河水》）

② 最前面的是一个穿红衣裳的小女孩，她就像迸射出的一团火，飞也似地向他扑来。她越跑越近，越跑越近，越跑越近……

（张贤亮《灵与肉》）

③ 盼望着，盼望着，东风来了，春天的脚步近了。

（朱自清《春》）

例①的反复“山要碎”突出了妇女的哭诉，控诉了旧社会对她们的沉重压榨。例②的反复“越跑越近”强调了清清对爸爸许灵均的感情。例③的反复“盼望着”抒发了作者盼望春天的急切心情。这三例都是分句的反复。

2. 间隔反复

间隔反复就是把同一词语或句子间隔来用的一种反复类型。间隔的语句有的隔句出现，有的隔段出现。例如：

④ 让我们说：

“我爱雷锋……”

这就是说：

“我爱

真正的人生！”

让我们说：

“我爱雷锋……”

这就是说：

“我要

永远革命！”

（贺敬之《雷锋之歌》）

⑤ 同学们嫌他古怪，嫌他脏，嫌他多病的样子，都不理睬他。

（徐迟《哥德巴赫猜想》）

⑥ 婴儿的眼睛闭了，

青天上出现了两个大星。

婴儿的眼睛闭了，

海边上坐着个年少的母亲。

（郭沫若《两个大星》）

例④的“让我们说：‘我爱雷锋……’”是单句的间隔反复。例⑤的“嫌他”是短语的间隔反复。例⑥的“婴儿的眼睛闭了”是分句的间隔反复。

（二）反复的修辞作用

反复可以强调突出重点，并抒发出强烈的感情。唱词、诗歌通过反复咏唱，可以加强语势，增添旋律美。例如：

⑦ 叮咚！叮咚！
风摇花影，
水荡波动。
静悄悄，静悄悄，
静得连花瓣落地能听清。
清粼粼，清粼粼，
清得透出水底的石纹。

（董耀章《山泉》，
《人民日报》1981年8月13日第8版）

例⑦中的“叮咚”“静悄悄”“清粼粼”的语句反复出现，突出强调了山的“静”和水的“清”，抒发了作者对山泉的赞美之情。通过反复，加强了节奏感，增添了旋律美。反复的修辞作用有如下三点。

1. 可以突出表现人物性格

鲁迅在《祝福》中对祥林嫂的描写，不厌其烦地反复出现“我真傻，真的”和“我单知道雪天是野兽在深山里没有食吃，会到村里来；我不知道春天也会有。……”这些话充分地把祥林嫂哀痛得几乎麻木甚至疯癫的神态表现出来。

2. 可以标明层次、段落

有的诗歌在各节的开头用反复，这样段落就一目了然。例如柯岩《周总理，你在哪里》中有四节开头都是“我们对着XX喊：周总理——”，诗人分别对“高山”“大地”“森林”“大海”高喊，条理很清楚，充分抒发了人民群众对总理的爱戴，形象地说明了周总理永远活在人民的心里。

3. 可以使得话语跌宕有致，耐人寻味

黄宗英《大雁情》的尾声：

> ……我梦见：
>
> 大雁飞过我的窗前，盘旋，盘旋。大雁们围在我的书桌前，站成一个半圈，在观看、在议论我写下的草稿。只听得头雁用宽厚的男低音说：“呃——这种情况很熟悉嘛，很熟悉。我们从北方飞到南方，从南方飞到北方，常常碰到，常常碰到！”
>
> 大雁们马上用各种声部参加讨论：“快——研究研究。”“快——研究研究。”
>
> 大雁们把我写好的草稿一张一张地衔走了，衔走了。大雁们排成人字形，飞远了，飞远了。……

在这尾声中，短语的反复，相当精彩，使得话语跌宕有致，余音缭绕，耐人寻思。

我们强调反复的修辞作用，似乎和文章要简练有矛盾，其实，这二者相辅相成，是对立的统一。简练的目的是要扫除芜杂，突出本质，使文章更加鲜明；反复的目的是为了强调紧要的意思、表达强烈的情感、渲染浓厚的气氛，也为了使文章更加鲜明。为了文章鲜明这个目的，我们应力求做到文章简练，但有时又需要运用反复这种修辞方式。

我们也必须把反复和重复区别开来。反复是为了提高语言表达效果而采取的一种方式，而重复则是语言中出现多余的、不必要的成分。重复只能使人感到累赘，是一种语病，必须尽力避免。

五、顶真

顶真是将上文的结尾作为下文的开头，使邻接的句子或段落上递下接、首尾蝉联的一种修辞方式。顶真又叫顶针、联珠或蝉联。

（一）顶真的类型

从顶真的形式看，常见的有词语的顶真和句子的顶真。

1. 词语的顶真

① 有一座纸山，纸山上有一座纸宫殿；纸宫殿里有一把纸椅子；纸椅子上坐着一位纸公主。

（王业伦《纸公主》）

② 那小河里打着一根根木桩，木桩间横着竹竿，竹竿上像晒面条似的排着一根根尼龙线，尼龙线上像糖葫芦似的串着一个个河蚌——河蚌头上钻了个小孔，尼龙线就从小孔中穿过。

（叶永烈《银珠闪闪》）

③ 我们镇上东关厢外有一座黄泥山，山顶上有一座七层的塔，塔尖顶着天。

（徐志摩《想飞》）

例①用偏正短语“纸山——纸宫殿——纸椅子”构成顶真，使句子上递下接，叙述连贯流畅。例②用名词“木桩——竹竿——尼龙线——河蚌”构成顶真，揭示了人工培育珍珠几个环节之间的连锁关系。例③也是用名词“山——塔”构成顶真，顺势而上，语气贯通。

2. 句子的顶真

④ 此身常想向天游，无奈双脚被地留。
踊跃奔驰离不得，九州万国共一球。

九州万国共一球，东方自在西方囚。
安得一夜似电变，人间净化塑琼州？

人间净化塑琼州，万方亿兆喜心头。
应知人定胜天定，看我中华跃上游。

看我中华跃上游，革命鼎新事事侔。
共产主义飞天外，万国岂必共一球？

万国岂必共一球，太阳之外太阳稠。
谁能给我新世界？宇宙红光照上头。

宇宙红光照上头，理想现实两相投。
不要空言不事事，不要近视无远谋。

（陈毅《示儿女》）

⑤ 咱们做的事越多，老百姓就来得更多；老百姓来得越多，咱们的力量就更大；咱们的力量越大，往后做的事也就更多。

（欧阳山《高干大》）

⑥ 一定要把知识跟实践结合起来，实践越多就知道得越真切，知道得越真切就越能起指导实践的作用。

（叶圣陶《认真学习语文》）

例④这首诗共六节，从第二节开始都是运用前一节最后一句作为下一节的开头，韵律流畅，节奏鲜明，表达了诗人的深厚感情，加强了蝉联的情趣。例⑤⑥是句子的顶真，环环相扣，格式整齐，揭示了事物之间的有机联系，说理深刻。

（二）顶真的修辞作用

顶真是人民群众喜闻乐见的修辞方式，用得比较广泛，也有很好的表达效果。顶真的修辞作用有三种。

1. 顶真用来叙事说理，有利于表现事物之间的连锁关系

顶真通过突出事物间环环相扣的有机联系，不仅能揭示事物的发展过程，而且能使句式整齐，令气势畅达。例如：

⑦ 一寸光阴一寸金，寸金难买寸光阴。

（谚语）

⑧ 照此妙论做去，岂不是硬要使人昭昭而糟糟，由糟糟而草包，由草包而野蛮，由野蛮而蒙昧，以致一直要退化到类人猿了么？

（辛南《是猴子变人，还是人变猴子》）

例⑦把光阴比作黄金，已形象地说明了光阴的宝贵，再用顶真辞格推进一层，说明一定数量的黄金买不到等量的光阴，更突出了光阴的宝贵。例⑧几经蝉联，步步加深，清楚地揭示了由“昭昭”而“糟糟”，以致最后变成类人猿的退化过程。

2．顶真用于描绘景物，能给人明晰的印象

⑨ 灵芝一走进去，觉得黑咕隆咚……满屋子东西，黑得看不出都是什么——有翼的床头仿佛靠着个谷仓，仓前边有几口缸，缸上面有几口箱，箱上面有几只筐，其余的小东西便看不见了。

（赵树理《三里湾》）

⑩ 大门朝东，对着大车路。大车路前面是一片沙滩，沙滩的尽头，横着一条小河，小河的那边又是沙滩，庄稼地，约莫半里地以后，那些庄稼才逐渐往高爬，爬上对面那没人居住的山上去了。

（欧阳山《高干大》）

例⑨利用顶真把屋子的“床”“仓”“缸”“箱”“筐”这些东西的位置，依次叙述得非常清楚，使人一目了然。例⑩利用顶真把“大车路”“沙滩”“小河”这些复杂的地形层次分明地描绘出来了。

3. 顶真在诗歌里常用来加强节奏，表达回环曲折的感情

⑪ 渠水流，
流走农民忧和愁。
渠水弯，
弯弯曲曲灌山田。
渠水笑，
笑得谷稻弯下腰。
渠水深，
深深渠水是黄金。

（民歌《深深渠水是黄金》）

这首民歌通过“流”“弯”“笑”“深”蝉联递接，节奏分明，字里行间洋溢着灼热的赞美之情。

（三）运用顶真应注意的问题

顶真的构成，必须反映事物之间的内在联系，不能生拼硬凑。行文时要根据表达的需要，恰当地使用，切勿单纯追求上递下接的形式，把顶真变成文字游戏，也要避免重复或啰唆。

六、回环

回环是利用语序的变换，把词语相同而排列次序不同的语言片断紧紧连在一起，组成语句形式上回环往复的一种修

辞方式。宋代一位叫李禺的人，写了这样一首诗：

枯眼望遥山隔水，往来曾见几心知。
壶空怕酌一杯酒，笔下难成和韵诗。
途路阻人离别久，讯音无雁寄回迟。
孤灯夜守长寥寂，夫忆妻兮父忆儿。

这首《夫妻互忆回文诗》是一首怀念远方妻儿的诗，充满了伤怀之情。我们把它颠倒过来，从最末一字往前面读，就又成了如下一首诗：

儿忆父兮妻忆夫，寂寥长守夜灯孤。
迟回寄雁无音讯，久别离人阻路途。
诗韵和成难下笔，酒杯一酌怕空壶。
知心几见曾来往，水隔山遥望眼枯。

颠倒后的诗就成了妻儿忆念丈夫、父亲的抒情诗。

（一）回环的类型

从回环的形式看，常见的有词的回环、短语的回环和句子的回环。

1. 词的回环

① 中华民族悼总理，
总理英灵照中华。

忠魂九泉笑活贼，
活贼更把忠魂怕。
野心狗胆欺英雄，
英雄识破野心家。

（《怀念总理恨妖贼》）

② 但我以为一切文艺固是宣传，而一切宣传却并非全是文艺，这正如一切花皆有色（我将白也算作色），而凡颜色未必都是花一样。

（鲁迅《文艺与革命》）

③ 从我一生的经历，我悟出了一条千真万确的真理：只有社会主义才能解放科学，也只有在科学的基础上才能建设社会主义。科学需要社会主义，社会主义更需要科学。

（郭沫若《科学的春天》）

例①用“中华”和“总理”、“忠魂”和“活贼”、“野心（家）”和“英雄”等词的位置变换构成回环，表现了人民对周恩来总理的悼念和歌颂、对野心家的痛恨和揭露。例②用“文艺”和“宣传”、“花”和“色”这些词的位置变换构成回环，说明了“文艺”和“宣传”的联系和区别。例③用“社会主义”和“科学”两个词的位置变换构成回环，论述了二者互相依存、互相促进的密切关系。

2．短语的回环

④ 理性认识依赖于感性认识，感性认识有待于发展

到理性认识，这就是辩证唯物论的认识论。

（毛泽东《实践论》）

⑤ 新编中小学大纲今天出台

教育思想：“学会”变为“会学”

（报纸标题）

例④用“理性知识”和“感性知识”两个短语位置的变换构成回环，论述了二者辩证统一的关系。例⑤用“学会”和“会学”两个短语位置颠倒构成回环，说明了教育思想的改变。

3．句子的回环

⑥ 春在人里，
人在春里，
人和春天融在一道。

（郭小川《春暖花开》）

⑦ 今儿个咱们打开窗子说亮话，有牛大水就没有我，有我就没有牛大水！

（孔厥、袁静《新儿女英雄传》）

⑧ 往日不见，一日就好像三年；今日相逢，三年却如同一日。

（郭沫若《棠棣之花》）

例⑥由句子“春在人里”，变为“人在春里”，形象生动地表明“人和春天融在一道”。例⑦由句子“有牛大水就没有我”，变为“有我就没有牛大水”，表明非此即彼，必择其一。例⑧

由句子“一日就好像三年”，变为“三年却如同一日”，抒发了难舍难分的深切感情。

（二）回环的修辞作用

1．有助于感情的抒发

回环使得声音复沓，这样便于抒发一种深沉的感情，增强感染力。例如：

⑨ 想眺望故乡的山岗，我爬到了阿里山上，只见茫茫云海，云海茫茫。想寻觅故乡的小溪，我沿着淡水河来到海滨，只隔着汪洋一片，一片汪洋。呵，阿里山！我要用你去填大海，让母亲见到孩子，让孩子找见亲娘！

（佚名《让孩子找见亲娘》，《人民日报》1981年4月13日第3版）

本例用“茫茫云海”“汪洋一片”“让母亲见到孩子”的位置颠倒构成回环，把台湾人民思念故乡渴望祖国统一的思想感情充分地表达了出来。

2．有助于揭示事物间的联系

回环能够很好地表现两种事物的有机联系，深刻地揭示出事物之间的辩证关系。例如：

⑩ 静中有动，动中有静。

3. 增添文章的生动性与趣味性

回环在文字上巧妙的安排，还能收到生动有趣的效果。如上举宋人李禺的诗。

（三）运用回环应注意的问题

运用回环时要注意根据内容的需要，不要搞文字游戏。

回环和顶真很相似：首尾用同一词语，互相衔接。但毕竟是两种各有特点的不同辞格。回环的特点是“顶”而后“回”，回环往复，其轨迹是圆周，可用“甲—乙，乙—甲”的格式来表示。而顶真的特点是“顶”而不回，顺连而下，其轨迹是直线，可用“甲—乙，乙—丙”的格式来表示。另外，回环都是整句，顶真比较灵活，既可是整句，也可是散句。

有些回环也与对偶相似：前后两分句结构相同，字数相等，有很强的对称感，但回环有“词语相同，位置相异”的特点，而对偶尽量不用相同的词语。另外，对偶一般字数相等，而回环不都是字数相等的。

第六节　辞格的综合运用

现代汉语的辞格是十分丰富的，以上我们只简单地介绍了一些常见辞格。为了讲述方便，我们把这些辞格分成几类，逐一分析了它们的特点、作用和运用中注意的问题。其实在语言实践中，这些辞格单独使用的情况不多，一句话或一段话往往是好几种辞格综合在一起的，其中有的是几种辞格形成并列关系的连用，有的是几种辞格形成包容关系的套用，有的是几种辞格之间形成互相融合关系的兼用。综合运用各种辞格，可以使语言同时具有几种辞格的作用，进而产生更理想的表达效果。

一、辞格的连用

辞格的连用是两个或两个以上辞格在一个句子或一个句群里接连使用的修辞模式，其特点是所用辞格各自独立，它们之间的关系是平等的，不分主次。辞格连用又可分为同类辞格连用和异类辞格连用两种。

（一）同类辞格连用

① 风说：忘记她吧！
我已用尘土，
把罪恶埋葬！
雨说：忘记她吧！
我已用泪水，
把耻辱洗光！

（雷抒雁《小草在歌唱》）

② 呵，那里喷出的仅仅是钢花吗？
不，那也是巨大的天才的火花！
呵，那里闪耀的仅仅是火光吗？
不，那也是豪情壮志所织成的彩霞！
呵，那里仅仅是钢水出炉吗？

不，那也是无穷的生命力在迸发！

（郭小川《出钢的时候》）

例①连用了四个比拟，作者赋予风雨以人的语言和动作。例②连用三个设问，以强烈的感叹语气，生动形象地描绘出钢铁工人出钢时的壮阔场面，热情洋溢地赞美了钢铁工人的光辉形象和伟大的创造力量。

（二）异类辞格连用

③ 在哳哳哳哳的响声里，粗大的辊芯上翻卷着条条缕缕柔似流云的雪白的棉绒，黑色的绣着未剔净花毛的棉籽从机器的腹下流漏出来。

（陈忠实《白鹿原》）

④ 热血在我的全身沸腾得更加热烈了……匣枪一抖一抖的跳动着，亮晶晶的弹壳像蚂蚱似的四处乱飞。我完全沉浸在复仇的快感里。

（峻青《黎明的河边》）

⑤ 鲁迅思想的灵敏度与深刻性是无与伦比的。他能够宏观宇宙，洞察幽微，看得高，看得远，看得深，看得细。真与伪，实与虚，美与丑，善与恶；真中之伪，伪中之真，实中之虚，虚中之实，美中之丑，丑中之美，善中之恶，恶中之善，都逃不过他的慧眼。

（柯灵《我们多么需要鲁迅》）

例③先用摹绘“哳哳哳哳”，再用比喻“柔似流云的雪白的棉绒”，后用比拟“黑色的绣着未剔净花毛的棉籽从机器的腹下流漏出来”，是异类辞格的连用，描述了白嘉轩的轧花机的工作过程。例④用了反复、比拟、比喻，也是异类辞格的连用，表现了作品中“我”的义愤。例⑤“宏观宇宙，洞察幽微”是对偶，接着是排比、回环。

连用的辞格可以使具有不同修辞作用的辞格前后配合，达到珠联璧合之效，将思想内容表达得更加丰富多彩、鲜明有力。

二、辞格的套用

辞格套用是一种主要辞格又包孕着其他辞格的修辞模式，也就是辞格中套着辞格，主次严整，各有所宜。其特点是，形式上是大的套小的，层层相套，各辞格之间是包容和被包容的关系，不是平行、并列关系，也不是融合关系。例如：

① 孙老财一手把天地盖，穷小子死了没处埋。

（张志民《王九诉苦》）

② 她身材苗条，个子不高，每每站在那些高大结实的伙伴丛中，好似大树林里一株修长俊美、枝叶婆娑、情致别样的小白桦树。

（冯骥才《爱之上》）

③ 所以我考虑了又考虑，计算了又计算，核对了又核对，改了又改，改个没完。

（徐迟《哥德巴赫猜想》）

④ 荒野上开着一片野生的牵牛花，都是一律的蓝色。

这花是只知道有清晨，不知道有炎昼和黑夜的，一万个清洁的小小喇叭，齐向天空吹奏着朝颂。

（郭沫若《前线归来》）

例①的两个分句构成对比，第一句又用了夸张，这就形象鲜明地把旧社会贫富悬殊的情况表现出来了。例②从总体上看是比喻，喻体“大树林里一株修长俊美、枝叶婆娑、情致别样的小白桦树”又包含了排比，描绘了姑娘的俊美。例③从整体上看是层递，层递的每一项中又用了反复，表现了陈景润严谨的科学态度。例④从整体上看是拟人，而其中的“小小喇叭”代喇叭花，又是借代，起到了补衬和锦上添花的作用。

套用的辞格使大的辞格有所借助，使小的辞格有所依托，大小辞格彼此呼应，充分发挥辞格的修辞作用，增强语言的表达效果。

三、辞格的兼用

辞格兼用是几种辞格交叉融合、浑然一体的修辞模式。“横看成岭侧成峰”，从这一角度看是甲格，从另一角度看是乙格。其特点是，一种表达方式兼有多种辞格，各辞格之间是互相融合的关系。例如：

① 她们从小跟这小船打交道，驶起来，就像织布穿梭，缝衣透针一般快。

（孙犁《荷花淀》）

② 霎时间，四面八方，电灯明亮，就像万千颗珍珠飞上了天！

（谢璞《珍珠赋》）

③ 天下文章数三江，三江文章数吾乡，吾乡文章数吾弟，吾为吾弟改文章。

（民间故事）

④ 别看浪花小，无数浪花集到一起，心齐，又有耐性，就是这样咬啊咬的，咬上几百年，几千年，几万年，哪怕是铁打的江山，也能叫它变个样儿。

（杨朔《雪浪花》）

例①是比喻和夸张的兼用，例②是比喻和比拟的兼用，例③是排比、对偶、顶真、夸张的兼用，例④是比拟、层递、反复的兼用。

兼用的辞格把多种辞格融合交叉，可以令其互补互衬，使得各种表达效果兼容并包，相得益彰，让语言呈现出多姿多彩的美。例如比喻兼比拟，既讲究内容的生动精彩，又使表达风趣形象；又如对偶兼对比、设问兼排比、排比兼映衬，既讲究形式上的整齐匀称，又突出了内容，可以从多方面增强语辞的文采和力量。

四、分析综合运用的辞格应注意的问题

上面三种模式是辞格综合运用的大体情况，在具体分析时，必须注意以下几点。

一是从总体上弄清各种辞格在一个统一体中的相互关系，分清它们的层次，并与文章的思想内容联系起来分析考虑。

二是同样的修辞现象，由于观察分析的角度不同，可能分析出不同的辞格来。突出哪种辞格，需要依思想内容的表达来决定。

三是除辞格连用之外的综合运用形式，往往还有主次的分别和隐显的不同，分析时应尽量突出主要辞格的地位和作用。

总而言之，辞格综合的分类是为了分析的方便，三种模式时而有兼容的情况，这一点我们要清楚。

第五章　口语修辞

第一节　口语修辞概述

语言是人类最重要的交际工具，它总是在特定的环境里，以特定的形式为特定的人所使用。人们在不同的社会活动领域里进行交际时，其方式是不同的，所使用的语言材料也是各具特点的，这样就产生了各种不同的语体。语体是人们交际需要的结果，又是语言材料特点的综合体现。人们交际需要的多面性是语体存在的社会基础，语言材料在功能上的分化是语体存在的物质基础。从语言表达的方式手段、表达者的地区背景和社会背景、表达的话题来分析，我们把语体分为口语体和书面语体两大类。

口语体是人们为满足交际的需要，运用口头语言的表达方式所形成的言语类型。口语是人们口头交际所使用的语言，是以语音为媒介，依靠一定的语调、语气等语音因素，传达至对方的听觉，通过音响效果唤起听觉反应的言语形式，即用口头形式说给人听，以音达义，是口语最基本的交际方式。只要是用口说的话都是口语体的具体表现，但千万注意，口说的话绝对不是用口念的文字材料（书面语体），这一定要区分清楚。譬如有人在研讨会上宣读学术论文，他是用口念的，不是说的，这就不是口语，而是书面语的口头形式。

任何语言都是先有口语，然后才有书面语，书面语是在口语基础上产生发展的。口语是第一性的，也就是负载信息的原始载体；书面语是第二性的，即负载信息的第二载体。就汉语而言，书面语不过五千年的历史，而口语产生于若干万年前，可以说当时的口语承担了人们交际的全部任务。文章不可能人人写、天天写，可是话却是人人说、天天说，话说不清楚、表达不明白的人为数不少，由此可以看出口语表达的重要性和广泛性。当代社会，人们要求广泛交际、传递信息、沟通思想，以适应不断变化的社会交际和不断膨胀的信息传递的需要。口语交际成为一种不可或缺的技能，并渗透到当代社会的各个领域，大到通过对话解决国际争端，小到运用口才谋求职位、排解纠纷。

在思想活跃、百家争鸣的先秦时期，诸子对言语表达是高度重视的。孔子提出“一言可以兴邦，一言可以丧邦”的观点，子贡则进一步阐述道：“出言陈辞，身之得失，国之安危也。”孟子继承并发展了孔子的观点，主张“言近而旨远”。荀子的论述颇有见地：“谈说之术，矜庄以莅之，端诚以处之，坚强以持之，譬称以喻之，分别以明之，欣欢芬芗以送之，宝之珍之，贵之神之，如是则说常无不受。”古代先贤关于言语表达的理论和实践，无疑是我们民族文化的一份宝贵遗产。美国演讲大师卡耐基认为现代人的成功，15%靠实力，85%靠口才。随着国际之间经济文化交流日趋频繁，新型事业需要大批勇于探索、敢于创新的开拓性人才，而言语表达能力尤其口语修辞是他们必备的综合能力之一。在社会生活中，话说得得当与否，往往成为解决问题的关键，同时也是人们心理预期能否实现的重要环节，更是一个人思想修养、文化素质的一面镜子。

虽然口语的语音系统、词汇系统、语法系统与书面语基本是一致的，但是，口语在运用和交际中有着自己独有的规律和特点。口语体语音多变，语调可以表达意义；俗语、谚语和表义形象的词语，以及叹词、语气词、拟声词、儿化词、叠音词用得很多，文言词语用得较少，甚至不用；问答句、短句使用频率高，且普遍存在省略成分，重复、补充、插说等手法也较常采用，长的修饰成分较少见；在辞格运用方面，口语体多用强调语意、饱含感情的辞格，如反复、摹声、歇后、夸张、比喻等。

口语是用语音形式表达意义的，一般是在同一时间、同一空间中才能使用的；书面语是用文字形式表达意义的，它不受时空环境的限制。随着社会的进步、科学技术的发展，口语也可以突破时间空间的限制，例如视频会议、电话交谈不受空间的限制，语音留言、录音播放不受时间的限制。

综上所述，我们说口语修辞是适应口头交际需要而调动和运用言语手段取得最佳表达效果的语言活动。

第二节　口语修辞的原则

一、切合特定目的

在语言交际中，“说什么话”直接由交际目的所支配。说不说、说什么、怎样说、何时说，都是由交际目的决定的。

意大利某城的一家书店，为了迎接法国著名作家大仲马光临，老板把书架上其他作者的书清走了很多，换上了大仲马的著作。目的是讨好这位大作家。当大仲马询问别人的书为什么很少，老板随口说：“都卖光了。”大仲马听后很不高兴。

故事里老板原意是讨好，但由于出言不慎，表达的意思却恰好相反——贬低了对方，违背了交际目的。

1972 年 10 月，基辛格来京为尼克松访华做准备。会谈中，周恩来郑重声明：“中华人民共和国是中国唯一的政府；解放台湾是中国内政；美国军队必须撤出台湾。这三条立场，是不变的。”基辛格则反复强调：“美国不能抛弃老朋友。”“我们绝不能放弃对台湾的义务，我们决不会与台湾断交。”谈判陷入了僵局。基辛格与洛德在大厅角落里嘀咕了好一会儿，才回到谈判桌上来。他说：

"我决定换一种方式表达美国的观点：美国认识到，在台湾海峡两边的所有中国人都认为只有一个中国，台湾是中国的一部分。怎么样?"周恩来将这句话重复了一遍，脸上也绽开了笑容，称赞说："博士到底是博士，这可是一项奥妙的发明。这句话的基本意思我方可以接受，但是个别词句还需要推敲。比如，应该用'省'，台湾是中国的一个省，更准确，不用'部分'。"基辛格说："'部分'比'省'通用，'部分'是对整体而言。"周恩来说："'省'比'部分'准确，省是行政上对政府的归属。""英语没有多大的差别。"基辛格说。"汉语却有质的差异，"周恩来说，"我看僵局有望打破，至于尚未解决的句子及措词，等总统访华时，还可以继续讨论，会找到一个解决方法的。"

（据陈敦德《毛泽东·尼克松在1972》）

这段历史性的对话中，周恩来总理的话语既有原则性，又有灵活性，始终处于谈判的主导地位，与交际目的是完全切合的，显示了总理超人的智慧和极强的口语应变能力。

二、切合特定语境

口语表达总是在一定的言语交际环境中进行，并且受其制约和影响。因此，要取得好的口语表达效果，不仅要善于适应言语交际环境，而且要善于利用言语交际环境。

（一）特定语境对口语表达的正面作用

语言的意义是社会约定俗成的。用静止的观点看，每个词都有它固定的意义。使用中的语言意义却是很复杂的，它除了传达全社会共同的词汇意义和语法意义外，还会传达特定语境所赋予的某些特殊意义。这种特定语境对语义的补衬作用，情况是很复杂的，它不但能补充、丰富、落实语言意义，还能传递一些言外之意。

电影《水鸟行动》中有这样一个情节：日寇入侵东三省后，中华民国外交部仍在宴请日本人。一片歌舞升平中，与宴的一位男士对一女士说："烟笼寒水月笼沙，夜泊秦淮近酒家。"这样的话语与场合情景相结合，其深意就不言而喻了。因为稍有文学常识的人都知道，这是唐代诗人杜牧《泊秦淮》中的诗句，下面的诗句"商女不知亡国恨，隔江犹唱《后庭花》"虽不曾吟出，却凭借这特定的语境，含蓄巧妙地传递出了更深层次的意义。由此可见，不少话语的真正含义仅从表面是无法看到的，也不能"照辞直解"，只有在特定的语境中，才能被确定下来，同时被准确地理解与传达。

（二）特定语境对口语表达的制约作用

语境对口语表达有正面、积极的作用，但从另一面来看，语境对口语表达的制约也是很大的，具有负面的影响。对于这种情况，就要注意纷繁多变的语言环境，选择与其相适应的口语表达形式。请看下面这个例子：

交际双方：甲，男性，已婚，某学校教师；
　　　　　乙，男性，未婚，某事业单位职员。
双方关系：大学同学。
交际环境：①学校办公室；
　　　　　②甲的家里；
　　　　　③乙的单身宿舍。

在第一种特定语境中，由于在甲的工作单位，又是上班时间，他们的交谈无论出于何种目的，都不能不注意以下几个问题：(1) 不能大声喧闹，(2) 不能长时间闲谈，(3) 不能影响旁人工作，(4) 不能谈论一方不愿让交谈双方以外的人知道的事情，(5) 不能反客为主，等等。在第二种特定语境中，除了要注意上述问题 (4) 之外，其他一些问题不需要注意，有的问题如 (3) 或许并不存在。在第三种特定语境中，由于在乙的单身宿舍，上述问题好像都不是问题了。可见，不同的语言环境，需要注意的问题就不一样。

（三）口语表达对特定语境的适应和利用

特定语境对口语表达既有积极作用，又有制约作用，因此我们要因势利导地适应并借助环境，化不利因素为有利因素，化消极被动为积极主动，达到口语修辞的目的。

曹丕限曹植在七步内作诗，要求既扣住兄弟之事，又不能出现“兄弟”之词。面对这样特殊的情境制约，曹植略加思考，即吟出了那首有名的《七步诗》：“煮豆燃豆萁，豆在釜中泣，本是同根生，相煎何太急。”曹植以超人的才能，用豆子与豆萁比喻兄弟手足之情，以“相煎何太急”发出哀切恳求，不但打动了曹丕这位同胞兄长，并使之“深有惭色”。曹植正是在适应不利语境的同时，巧妙地利用了语境，化险为夷。下面从三个角度对语境的适应和利用展开讨论。

1. 时间、地点、场合的适应和利用

口语表达受时空情境的制约，同样的话在不同的场合中说出来，会产生截然不同的表达效果。古人早就注意到时间、地点、场合的重要性。

> 1889年，清政府任张之洞为湖北总督。新任伊始，恰逢新春佳节，抚军谭继洵在黄鹤楼设宴为他接风、庆贺，并请鄂东诸县官员作陪。席间，谭继洵与张之洞争起长江的宽度来。谭继洵说是五里三，张之洞说是七里三，各持己见，相持不下。两人争得面红耳赤，只好让江夏知事陈树屏给个定论。“水涨七里三，水落五里三，”陈树屏不无得意，“制军、中丞说得都对。”一句话说得张之洞、谭继洵拊掌大笑，争执不下的难题轻而易举地化解了。

这里，陈树屏充分考虑了时空因素，巧妙利用长江夏涨冬消的特点，对争论双方都做了明确肯定，赢得了口语交际的最佳效果。

2. 交际对象的适应和利用

俗话说：“射箭要看靶子，弹琴要看听众。”同样，说话要看对象。要充分考虑对象的特征，诸如性别、年龄、职业、文化、性格、气质、爱好等。也就是说，口语表达只有适合客体对象的身份特征、知识层次、性格意趣，而且注意交际对象的思想心理，才能“有的放矢”，在情感上打动对方并引起共鸣，取得好的交际效果。有这么一个故事：

> 在一个村子里住着一位孤寡老人，他常常为自己的孤寂而难过，苦思冥想了很久，认为自己不幸的原因是左右两边邻居都姓陈，而他姓黄，自己正是被这两邻“陈”沉沉地夹击着，把他压“黄”了。于是他就要搬家，村干部劝他要破除迷信，他根本听不进去。村干部批评了他，他更加不服，反而大骂起来。这时附近住着的一位老师过来劝道：“您可别搬家，您住的那个地方是个福窝，两邻姓陈，那是文臣武臣的‘臣’，您左有文臣，右有武臣，保护着您这个‘黄（皇）帝’。您放心，好日子在后头呢！”听了这番话，老人才打消了搬家的念头。

故事里，为什么别人的劝说不见效，而这位老师的一席话就说服了老人呢？原因就是他按照老人的内心活动，根据老人的迷信心理，如法炮制出一个“文臣武臣”来，就使老人在不知不觉中被说服了。可见，明确交际对象的内心活动，有的放矢地进行表达，是使言语表达获得成功的一个重要条件。现实生活中，人们的口语表达，同样要注意力求使话语形式符合说话人的身份特征，并注意培养不同场合不同角色的意识，才能使得话语得体，收效良好。

3. 社会文化背景的适应和利用

社会文化背景是时代、民族、地域等不同的文化因素构成的。不同民族由于文化、历史、生活条件、传统习俗等的差异，对口语表达也有着不同的要求。比如中国人向来以自我贬抑的谦谦君子作为楷模，这是受两千多年来中国封建社会的统治思想——儒家思想所影响，以儒家的中庸之道作为原则的。人们提倡谦恭虚己，反对过分地显露和表现自我，无论自己的东西怎么好，无论别人怎么赞赏，往往都会自贬一番。西方人则不是这样，虽然他们也推崇谦恭有礼的“绅士风度”，但很多时候是“恭而不谦”。在他们看来，肯定自己的才能是自信的表现，过于谦虚是没有自信心的表现。据说，一些国内人士去西方国家应聘，面试时因说得过于谦虚而应聘失败，就是一个很好的例子。

第三节　口语修辞的类别

一、交谈体

交谈是人与人之间最直接、最广泛、最简便的口语交际形式。只要有人群的地方，就会有各种形式的交谈，人们在交谈中可以交流思想、联络感情、互通情报、洽谈事务、切磋技艺、商讨对策等。交谈的过程，实质上就是交际双方的信息发出与反馈的过程，是一种双向交流。正如美国语言学家多罗西·萨尔诺夫所说："交谈是双行道"，"没有回应的谈话，是无效的谈话，说话艺术最重要的应用，就是与人交谈"（《说话的技巧》）。成功的交谈首先就要积极进行信息的发出与反馈，否则，一方得不到信息，或做不出反馈，交谈即无法顺利进行。交谈的主要形式大致有应酬、说服、拒绝、求职等。

（一）应酬

应酬就是交际往来，言来语去，多属于一般性的话语交谈，可要做到应付自如，使对方满意并不容易。一时疏忽，或沉默冷场，或尴尬难堪，都会产生不良的影响。若有扎实广博的文化素养，清醒机敏，谈笑风生，肯定会得到人们的认可和赞誉。应酬时的言语方式应注意以下几个问题。

1. 注意时地

人是各种社会关系的总和，也是具体文化的现实表现。历史地域、时代精神的积淀熔铸，往往使得不同社会集团、不同个人的道德风尚、文化思想、思维方式、情趣志向不同，语言表达自然也不相同。"一方水土养一方人""到什么山上唱什么歌""到什么时候说什么话"，这些都在提醒我们言谈时要注意时地。比如在西方国家生活，不宜问个人收入、成年妇女的年龄，他们也忌讳"13"这个数字。有人设想过这样一个故事：一个国际餐厅里有几个人在喝啤酒，发现啤酒里有苍蝇。美国人对侍者说："请把啤酒和苍蝇分开，喜欢苍蝇的人自己把苍蝇放进啤酒里，你觉得怎么样？"英国人一副绅士派头，告诉侍者："请另拿一杯啤酒来！"沙特阿拉伯人把啤酒递给侍者说："我请你喝。"日本人让侍者把餐厅经理叫来，训斥道："你们就这样做生意吗?"这就是不同社会文化背景下，人们对同一件事的不同表达。

2. 追求真善美

应酬中言语的恰当使用要体现出文明优美的气质风貌，适应全社会尚真、尚美、尚善的正能量。应酬言语交际中人们使用的崇敬、谦虚、委婉、避讳等词句，就充分体现了礼仪文明的倾向，比方说，"你单位"不如"贵方"，"你媳妇"不如"您夫人"，"你来了"不如"欢迎光临"。有些敏感或影响感情的话语，最好不说或委婉表达。

3. 追求幽默风趣

如果应酬语言幽默风趣，出乎意料，陡然跌宕，或跨越，或旁逸，或逆转，既超越常规又能在一定程度上切合题意，就能在对方心灵当中激起思绪的波澜。例如：

台风：12 级

大风：8 级

和风：4 级

轻风：2 级

耳边风：0 级

上述的"台风""大风""和风""轻风"，是依照着自然界风力由大到小的顺序依次排列的。这样逐渐形成了"风力范畴"的预设，人们的思绪预期，也是依照着递次减弱的发展方向来行进的。但在最后"异军"突起，表面上好像类同，然而内容上根本不搭。说它不搭配又沾着边，好似无理又有它存在的合理性。在这种强烈巨大的顿跌反差中给人们以心灵的震撼、情感上的愉悦。英国戏剧家莎士比亚认为，幽默和风趣是智慧的闪现；英国哲人培根也指出："善谈者必善幽默。"（《论言谈》）预设期待落空，却意外获得新知，看似矛盾又在情理之中，使人会心一笑、颔首称是。

（二）说服

说服即引导，它是用语言向交谈对象施加影响，使其放弃原有观点、信仰、价值观或改变原有行为，去接受说话人意见的口语交际活动。成功的说服应有相应的技巧。

1. 找出赞同点

怎样一开口便从对方那里得到期待的"赞同反应"呢？美国前总统林肯说："我展开并赢得一场议论的方式，是先找到一个共同的赞同点。"（卡耐基《语言的突破》）这个"赞同点"应该建立在彼此的认识方式、生活方式、情感因素等方面的某些一致性上，既能从自身出发，又能到达别人的心坎里。人们常常说"比如我是你的话""如果你是我的情况"等等，这正是说话人和听话人的心心相印，彼此沟通，从而能够达到好的说服效果。假如对方受到挫折，要是说"世间的人谁没有差失，咱也跳不出这个圈子"，就很容易使交谈对象感到知心慰藉。老舍说过，过去有些饭店招揽顾客很有讲究，话说得耐人寻味，如果问"今天您吃点什么？"其中有些词语的附加信息就显得丰富多彩。"今天"，就意味着老顾客，经常来，拉近了距离，给人以亲切的感觉，让对方不好回绝。这句话看似平常，可其中却暗含你我相知认同的表述内容。

2. 以情动心

“感人心者，莫先乎情。”我们经常把双方的亲切交谈叫作“互相交心”，把深厚情谊的知己叫作“知心朋友”。要说服对方，虽然言语内容是一个重要方面，可是情感因素也不可忽视，它既是长久维系友情关系的纽带，又是说服对方的一个重要途径。人都是有七情六欲的，人人都有感情并会看重感情。广泛地奉献爱心与真诚，播撒平等友谊的种子，一定会得到纯正的关怀与回报。

真正的热情就是真诚地关心人、体谅人，使人心里感到热乎乎的。出现问题后，“用鼓励和说服的言语来造就一个人的道德，显然是比用法律和约束更能成功”（德谟克利特《道德思想》）。在工厂里，要是发现员工的产品偶然出现不合格的情况，是扣奖金了事，还是说“别紧张，查一查，看问题出在什么地方，以后不要再出现这样的问题了”？从实际效果看，后者肯定更容易被人接受，更能调动员工的积极性。

3. 以理服人

说服对方的根本还是要有理有据，有理走遍天下，无理寸步难行。占有真理并善于表达真理的人，才真正有力量。可是有时事物内在的规律性并未明晰地显现出来，即使你有理，对方也不一定能认识清楚。这就要求说话人冷静对待，缜密周到地分析，综合梳理各种因素和各种关系，从而抓住事物的主要矛盾和矛盾的主要方面。这时候内部环节的纠葛缠绊就会迎刃而解，就会使对方心服口服。具体来说，一要论据充分，晓以利害；二要多从对方的有利因素出发展开表述，而对有损对方的问题从轻处理，想他人之所未想，真切实在，确实起到参谋帮忙的作用；三是切近话题，抓住重点，这样一定会收到预期的效果。

（三）拒绝

成功的拒绝是既回绝了对方又使对方的不快降低到最低程度。拒绝在语言运用方面要注意以下几个问题。

1. 玩笑回避，睿智风趣

有一些问题在公开场合不便回答，用一些无关痛痒但又机智风趣的话来化解，比起那些“不予答复”“无可奉告”之类的套话，会在一定程度上减少给对方引起的不快和失望，玩笑回避，无伤大雅。

> 中东埃以战争结束后，美国就恢复和平在其中奔忙周旋，当时的总统特使基辛格穿梭外交，马不停蹄，来往当事两国之中，待他与埃及当时的总统萨达特达成一些协议后，双方共同主持召开记者招待会。有记者问萨达特：“总统先生，美国是不是从现在起不再给以色列空运军用物资了？”“你这个问题应当向基辛格博士提出。”萨达特回答道。虽然他十分清楚空运即将结束，但他还是进行了回避。基辛格立即说：“幸亏我没有听见这个记者问的是什么问题。”
>
> （据崔应贤等《公关 言语 交际》）

萨达特与基辛格就同一问题都采取了巧妙回避的策略，同时配合默契。萨达特的回答暗示了这样的意思：这是美国的事情当然要美国人来回答。在记者们期待答案的一瞬间，基辛格的回答及时巧妙，透露出他的机智敏捷。“幸亏”一词故意显露出玩笑的底蕴，使记者们不由得发出赞许的笑声。

生活中，有人盛情相邀，很难拒绝，可以采用玩笑回避，比如说：“今天您的美酒大餐我实在没口福，我的那一位给我派了一项重要任务。”“妻管严啊?”“不好意思，在家里咱是绝对服从。”

2．避实就虚，转移话题

拒绝时，绕开实质性问题，有意用字面义、话语侧重点转移或零信息做具有弹性的回答，使得答语既无懈可击，又对要害问题的回答没有任何信息量。

> 在记者招待会上，一位记者向外交部部长提问道：“您是否具体讲一下，所谓的敌对势力是指什么人?”很明显，这是要这位外交部部长指名道姓地说出敌对势力的国名，非常敏感，不宜正面作答。外交部部长的答案是：“所谓敌对势力就是说，因为不喜欢就采取政治上的压制、经济上的制裁等办法，要让你屈服，让你改变政策，要干涉你的内政。如果这样做当然是一种敌对态度。”
>
> （据崔应贤等《公关 言语 交际》）

这样的回答避实就虚，转移话题，避免了直接回答所造成的不良影响。“谁是敌对势力”可能在当时的场合里大家心照不宣，但这张窗户纸还是不捅破的好。再看下面的例子：

一军用飞机制造公司总经理在被问及生产数量时答道：“军方下达多少，我们就生产多少。”

这样的回答藏而不露，含而不吐，信息量等于零，说了跟没说一样，但显然比冷场、断然拒绝要好得多。

3. 以问代答，积极主动

这种方式在拒绝的同时，尚有进攻的态势，显得积极主动，柔中有刚。

有人问基辛格军事装备的数目。基辛格以认真的神态反问：“数目我是知道的，但我不知道是不是保密的?”对方答：“不是保密的。”“不是的吗？那你说是多少?”对方瞪大了眼睛，再也难以应对。

（据马文·长布尔等《基辛格》）

基辛格第一次发问已巧妙地设置了一个两难命题，保密或不保密都已注定得不到明确的答案。有时这种方法是绵里藏针，含而不露。

拿破仑对他的秘书说：“布里昂，你要知道，你也将永垂不朽了。”布里昂不理解拿破仑的意思。拿破仑补充说：“你不是我的秘书吗?”布里昂笑了笑说：“请问，亚历山大的秘书是谁?”拿破仑一时语塞，不禁喝彩道：“问得好!”

（据布里昂《回忆拿破仑》）

布里昂问得确实精彩。依附名人而扬名，是不值得炫耀的。他没有像拿破仑那样为一时的胜利而冲昏头脑，他不相信上司的话。既然亚历山大的秘书你不记得，又有谁相信拿破仑的秘书会留芳青史呢？布里昂的话无疑带着对拿破仑的讥讽和漠视。不能不说，有些回答者面临的是挑衅性的提问，如能结合着对方问话的特点，采取以问代答的方法有针对性地进行反问，就会彻底改变守御答对的局面，使自己处于主动的地位，拒绝中有反击：

> 有位外交官偶然看见林肯总统在擦自己的靴子。他问道："呵，总统先生，你经常擦自己的靴子吗？"话里有话，作为外交官，这种问话语气所包含的讽刺意味自然会使人难堪。林肯不动声色地回答道："是啊，你经常是擦谁的靴子呢？"

这一回击是有力的，坚决地维护了自己的人格尊严。

（四）求职

求职时的面谈是用人单位对求职者形象仪表、品质素养、业务能力诸方面的检测。求职者的答话要注意几个问题。

1. 突出特色

独特的、有个性的表述会引人注意，求职者面对考官回答问题时应充分注意个性化，彰显自己的特色，这样会给人留下难以磨灭的印象，利于求职成功。

2. 简洁明了

面试时给求职者的时间不会太长，千万不要说一些言之无物、拖泥带水的闲话，而要重点突出、言简意赅地介绍自己。做到简洁明了要注意三点：一是紧紧抓住重点，二是回答问题直截了当，三是切忌重复啰唆。

3. 务实求真

有时考官的提问超出自己的学识和能力范围，求职者应如实回答，不要不懂却夸夸其谈，否则就会适得其反。

著名科学家法拉第出身于英国一个普通工人家庭，为进入英国皇家学院工作，他与戴维教授在实验室窗边的长凳上进行过一次交谈。

戴维："很抱歉，我们的谈话随时可能被打断，不过，你还幸运，此时此刻仪器没有爆炸。法拉第先生，信和笔记本我都看了，你在信中好像并没有说明在哪里上的大学。"

法拉第："我没有上过大学，先生。"

戴维："噢？但你做的笔记说明你显然是理解这一切的，那又怎样解释呢？"

法拉第："我尽可能在学习一切知识，还在自己房间里建立了小实验室。"

戴维："年轻人，我很感动。不过，可能因为你还没到实验室干过，所以才愿意到这儿来。科学太艰苦，要付出极大的劳动，而只有微薄的报酬。"

法拉第："但是，只要能做这件工作，本身就是一种报酬啊。”

在这段耐人寻味的对话中，法拉第面对戴维教授所强调的科学研究必须付出艰辛劳动的试探，没有丝毫犹豫和退缩，而是用简洁明了的语言，真诚地表示出对知识的渴望和对科学的执着追求，还有对学习知识并进行实验的热情和勇气，而且把进行科学研究视为一种最高的报酬，从而表现出坚定的信念和不计个人名利的献身精神。交谈的结果是，戴维教授让法拉第当了自己的助手。后来有人要戴维填表列举自己对科学的贡献时，他在表的最后写着：最大的贡献——发现了法拉第。这又何尝不是法拉第自我推销的成功呢？

二、演讲体

演讲是运用口语向听众说明事理、宣传主张、传授知识、抒发情感的一种口头传播方式。演讲语言是演讲者与听众面对面的交际语言，演讲中语言运用的好坏是演讲成功与否的关键性因素。演讲语言要注意以下几个方面。

（一）通俗性

演讲是以“讲”为主，它不同于书面语言，不能多看多琢磨。演讲中，听众主要是在“听”，只能在听清听懂之后再理解。如果有一点语言障碍，哪怕只有一两个词听不懂，也可能阻断听众听觉与思维的联系。因此，演讲中要多选用大众化、口语化、浅显明白的日常用语，避免使用专业性太强的书面语词。著名的演讲学家都是非常注意这一特点的。请看周恩来总理欢迎尼克松的演讲词：

尼克松总统应中国政府的邀请，前来我国访问，使两国领导人有机会直接会晤，谋求两国关系正常化，并就共同关心的问题交换意见，这是符合中美两国人民愿望的积极行动，这在中美两国关系史上是一个创举。

美国人民是伟大的人民。中国人民是伟大的人民。我们两国人民一向是友好的。由于大家都知道的原因，两国人民之间的来往中断了二十多年。现在，经过中美双方的共同努力，友好来往的大门终于打开了。目前，促使两国关系正常化，争取和缓紧张局势，已成为中美两国人民强烈的愿望。人民，只有人民，才是创造世界历史的动力。我们相信，我们两国人民这种共同愿望，总有一天是要实现的。

（《周总理在欢迎尼克松总统的宴会上的祝酒词》，《人民日报》1972年2月22日）

周总理的演讲是一次重大的政治演讲，但他的演说词却非常口语化，直白通俗，但并不浅显，因为它蕴含了深刻的内容。

英国演讲家劳伦斯曾对演讲者如何选择词语提出了三条基本原则，其中第三条是：它们是否符合听众的知识水平？这就是说在选用词语时要看对象，对文化水平较低的听众演讲，更要注意用词的通俗化，否则就达不到演讲的目的。例如有位经济学家去某乡镇上就如何搞活经济进行演讲，讲的话与他写的学术论文相差无几，使用的全是专业术语，会场气氛十分沉闷。结束时，年轻的乡党委副书记站了起来，对乡亲们说：要想搞活经济，发展生产，就要按这位专家的话去办。首先要“引进人才”——就是要借别人的脑壳发财；然后要“横向联系”——就是到处去结“干亲家”。顿时，会场活跃起来，老百姓们这才明白了，鼓起掌来。

（二）简洁性

演讲语言必须简洁，当今社会的快节奏生活方式，使听众更不愿忍受悠然漫谈式的长篇说教。莎士比亚有句名言：“简洁是智慧的灵魂，冗长是肤浅的藻饰。”（《哈姆莱特》）演讲史上的事例告诉我们，杰出的演讲从时间上看，一般都不长：恩格斯《在马克思墓前的讲话》只有1260个字；华盛顿的连任就职演说只有135个字；林肯《在葛底斯堡的演说》被称为英文演说的典范，通篇只有十个句子，仅用了两分十五秒钟，却博得了在场三万多听众经久不息的掌声，轰动了全美国。

当然，我们并不是说演讲时间越短越好。演讲语言的简洁性主要表现在以最经济的手段输出最大的信息量，用最少的词句来包含尽量多的内容。

美国前总统罗斯福1941年12月8日的一段演讲，题目为《一个遗臭万年的日子》：

……………

昨天对夏威夷群岛的进攻，给美国海陆军部队造成了严重的损害。我遗憾地告诉各位，很多美国人丧失了生命。此外，据报，美国船只在旧金山和火奴鲁鲁之间的公海上也遭到了鱼雷袭击。

昨天，日本政府已发动了对马来西亚的进攻。

昨夜，日本军队进攻了香港。

昨夜，日本军队进攻了菲律宾群岛。

昨夜，日本人进攻了威克岛。

今晨，日本人进攻了中途岛。

…………

这篇著名的演讲，用语简洁，信息量大，罗斯福列举了大量的事实，充分说明了日本的侵略是蓄谋已久的行为，有力地揭露了侵略者卑鄙无耻和野心勃勃的丑恶嘴脸。

（三）生动性

演讲语言除通俗、简洁外，还要像磁石那样有极大的吸引力，使听众产生浓厚兴趣，这就要求演讲语言还必须具有生动性。

演讲语言的生动性，在很大程度上要借助语言的形象性手段。例如第二次世界大战时期，在面临希特勒进攻的危急时刻，英国首相丘吉尔做了一场振奋人心的演说。演说中有一句话为听众久久不忘并经常引用：“我所能奉献的，只有热血、辛劳、汗水和眼泪。”（《热血、辛劳、汗水、眼泪》）其实这里丘吉尔要表达的是捍卫国家的决心，但此处将其形象化为“热血、辛劳、汗水和眼泪”，渲染的力度更强。

演讲语言生动性的另一个体现，就是语言的幽默风趣。中国科技大学原党委副书记刘吉，在演讲中碰到一个这样的提问：

问：有人说思想工作是五官科——摆官架子，口腔科——耍嘴皮子，小儿科——骗小孩子。你认为恰如其分吗？

答：今天的思想工作我认为是理疗科——以理服人，医治百病，潜移默化，增进健康。

这里双方都借用医学术语来“问”和“答”，幽默风趣。刘吉用医学术语作答，不仅紧扣所问，而且连语言形式也扣得很紧，在轻松的氛围中巧妙地说明了做思想工作的道理和方法。

著名电视节目主持人凌峰1990年在中央电视台春节晚会上的即兴演讲，就是非常诙谐幽默的：

在下凌峰，我和文章不一样，虽然我们都得过“金钟奖”和“最佳男歌星”称号。但是，我是长得难看而出名的（掌声）。两年多来，我们大江南北走了一趟——拍摄《八千里路云和月》，所到之处呢，观众给予我们很多的支持，尤其男观众们对我的印象特别好。因为他们认为本人的长相很中国（笑声、掌声）。中国五千年的沧桑和苦难全都写在我的脸上（笑声、掌声）。一般来说，女观众对我的印象不太良好：有的女观众对我的长相已经达到了忍无可忍的地步（笑声、掌声），她们认为我是人比黄花瘦，脸比煤球黑（笑声）。

凌峰的即兴演说，因为是在春节联欢的场合，所以幽默风趣最为适宜，也最受欢迎。幽默是一种艺术，是思想、学识、智慧和灵感在语言运用中的结晶。除了极其庄重肃穆的场合，人们总希望在欢乐轻松的气氛中沟通思想，交流信息，受到教益。所以演讲中出现妙趣横生、幽默诙谐的语言，能调节情绪并活跃气氛，比那些华丽的套话更能打动听众，更能让演讲受到欢迎并取得成功。

三、论辩体

论辩，也叫辩论，它是用言语解释论证自己的见解，批评反驳对方观点的一种口头言语交际模式。公元前五世纪中期，古希腊就盛行论辩，曾出现过“智者学派”，专门教论辩的艺术、证明的艺术和修辞的艺术。我国春秋战国时期，诸子百家、游说之士掀起的论辩热潮，在历史上更是有名的。

论辩体与谈话体的最大区别是论辩内容一般都有一定的范围，有比较统一的话题，是就某一问题（论题）集中发表针锋相对的看法、见解。既有论，又有辩。论辩体的主要特点有三个。

（一）精确性

精确就是精练和准确。这是辩论的特殊性所决定的。语言必须明快准确，且毫不含糊。在针锋相对的激烈舌战中，论辩者没有过多的思考应变时间，因此必须要反应敏捷，在短时间内选用简洁凝练的话语来回击对方，达到一语中的的要求。下面是一个辩论主体在进攻时的发言：

> 第一点，你没有回答！第二点，你避而不谈！第三点，你还是没有表态！

言辞尖锐激烈，斩钉截铁，具有不可抗拒的气势。

我国古代三国鼎立时，刘备面对曹军进逼，派遣孔明出使江东，担负联吴抗曹重任。张昭攻击诸葛亮这个军师比不上管仲、乐毅，其论据是诸葛亮面对曹操的进攻“弃甲抛戈，望风而窜”，以致“弃新野，走樊城，败当阳，奔夏口，无容身之地”。诸葛亮哑然一笑，进行了反驳：“刘备起兵之初，兵不满一千，将只有赵、关、张。新野小县粮少人稀，我们却火烧博望在先，火烧新野在后，杀得夏侯惇、曹仁十万大军心惊胆战。管仲、乐毅用兵也不过如此吧！……想当年，汉高祖屡败于项羽之手，而垓下一战，终于获得最后胜利。靠的是韩信的良策啊！而韩信辅佐高祖，也并不是每战必胜。”（据罗贯中《三国演义》改）诸葛亮以事实批驳了张昭的论据，针对所谓“无容身之地”的诬蔑，援引刘邦、韩信的先例，说明“胜败乃兵家常事”，“求决胜不求累胜”乃是刘备的战略方针。张昭之流无言以对，只好败下阵来。诸葛亮语言准确，针锋相对，以一对众，谈笑风生，不但抨击了对手，说服了孙权，又用激将法使犹豫不决的周瑜坚定了挂帅抗曹的决心，从而达到了联吴抗曹的目的。

（二）艺术性

论辩和演讲都是口头表达中的一种高级形式，而论辩有很大的随机应变性，比演讲更讲求辩答巧妙的语言艺术。在论辩中如果只是平平淡淡地申明自己的观点或反驳对方的论点，是难以获胜的。凡是善辩者总会调动一切语言艺术手段来表达自己的观点、见解，以使对方无话可说。周恩来总理在国际会议上、在对外谈判中都表现出杰出的论辩才华：

一次，周总理就中美联合公报草案与基辛格谈判时，一开始，周总理就用坚定的语气明确指出：这样的方案我们“不同意”、“不能接受”。

基辛格本想以一种轻松谈笑的口气开始这场谈判，听到周恩来神态严肃、语气坚定的表态，他的语气也转向坚定：“我们初稿的含义是说，和平是我们双方的目的。”

周恩来说：“和平只有通过斗争才能得到，你们的初稿是伪装观点一致。我们认为公报必须摆明双方根本性的分歧。”

美方代表并不退让：“我方拟的公报初稿难道就一无是处？”

周恩来严肃而心平气和地说：“你们也承认中美双方存在着巨大的分歧，如果我们用外交语言掩盖了分歧，用公报来伪装观点一致，今后怎么解决问题呢？”

美方代表：“我们起草的公报，采用的是国际通用的惯例。”

周恩来针锋相对说：“我觉得这类公报往往是放空炮。”

（据陈敦德《毛泽东·尼克松在1972》）

周恩来总理以上的论述调动了语言艺术手段，是很严密的。他始终坚持自己的观点，谈自己的原则立场和鲜明的主张，前后话语都是无懈可击的。经周恩来总理的主动出击、据理力争，公报最后采纳了中方的意见，既写出双方的共同点、一致性，也列出双方存在的分歧。事后，基辛格说他对周恩来总理的论辩语言才华既震惊又深感佩服。

（三）随机性

论辩，一般地说，话题都比较集中。论辩者对论题可能事先已形成了观点，但临时变化的可能性也是非常大的，或多或少都会随着对方的“论”“驳”的变化而变化，这就体现为论辩语言的随机性。例如亚洲大学生辩论会上，在内地大学生同香港大学生争夺冠军的决赛中，香港学生的论题是“发展旅游事业好”，问内地学生是否赞同。这是个难题，如果直言赞同或反对都难以取胜。因为说“赞同”就意味着认输，硬说“发展旅游事业不好”，否定的理由又不充足，容易被认为是强词夺理。于是他们用含蓄而又辩证的话语来回答说：“如果不分时间、环境，盲目地发展旅游事业则是有害的。”这一艺术的辩答，巧妙地击败了香港大学生队。

第六章　体态语修辞

第一节　体态语修辞概述

体态语是通过人的体态、手势、表情、眼神等非语言因素传递信息的一种言语辅助形式，又叫人体语、动作语、情态语、行为语、态势语、副语言等。我们观察两个人的交谈情况，就会发现说话的人不但在用口说，而且也用表情、身姿来表达，听话的人不但在用耳朵听，而且也在用眼睛看。人们说话时“瞪大了眼睛”，有时“挥挥手”，有时“挺挺身子”，用以补充或辅助他们的表达。所以体态语是人们进行交际活动、表达和交流思想情感时一个重要的辅助手段。体态语是有着悠久历史的，根据考古发现，距今约一万八千年的山顶洞人的化石表明，人类口腔大大缩短，喉头显著下降，二者通道由直线形变成了直角形，舌根自由活动余地扩大，就有可能发出清晰分明的音节，也才可能出现有声语言。所以，那之前的数万年间，人类主要的交际方式完全可能是手势、身势、呼叫和表情。作为一种特殊的表达方式，那时的体态语在人类传递信息中的重要作用是不言而喻的。随着社会的不断发展，人们相互交际、表达情感的途径主要靠有声语言，但人们也常用体态语来弥补有声语言的不足。体态语言的这种交际功能，早在春秋时期孔子就有论述：

> 说之，故言之；言之不足，故长言之；长言之不足，故嗟叹之；嗟叹之不足，故不知手之舞之，足之蹈之也。
>
> （《礼记·乐记》）

大多数研究交际的专家认为，在面对面的交际中，信息的社交内容只有35%左右是语言行为传递的，65%左右都是通过非语言行为传递。还有学者认为，反映实际态度的语言只占交际行为的7%，而声调和面部表情却高达93%。可见，体态语在人际交往中是十分重要的。尼克松在回忆录中对为中外政治家们所景仰的周恩来总理做了如下描述：

> 他经常靠在椅背上，用富于表现力的手势来增强谈话效果。当要扩大谈话范围，或是从中得出一般性结论时，他经常用手在面前一挥；在搁浅的争议有了结果时，他又会把两手放在一起，十指相对。在正式会谈中，他对一些俏皮话暗自发笑；在闲聊时，他又变得十分轻松自如了，有时对善意的玩笑还发出爽朗的笑声。
>
> （尼克松《领袖们》）

从这段话可以看出，周总理得体而强有力的手势、轻松自如的坐姿、不时发出的朗朗笑声，极大地辅助和增强了谈话的效果，甚至多年以后，还给尼克松以清晰、深刻的印象。由此也可以看出，体态语在传递信息、增强表达效果方面，起着非常重要的作用，是修辞的重要因素之一。民间流传着这样一个故事：

有一个人进饭馆吃饭，吃完了才发现忘了带钱，便对老板说："老板，今天我忘了带钱，明天一定送来。"老板连声说："行！行！"并恭敬地送他出门。

这件事被餐桌旁一个无赖看在眼里，他也想趁机捞点便宜。吃罢饭菜后，假装摸摸口袋，然后仿照前面那位顾客说了一遍。谁知老板听后面孔一板，揪住无赖，非要他交钱不可。无赖不服气地说："人家赊账可以，老子为什么不行？"

老板说："人家吃饭斯斯文文，喝酒一盅一盅地筛，吃完后还用手帕揩嘴，是个有德行的人，欠了钱一定会还来的。你呢？双脚蹬在凳子上狼吞虎咽，端起酒壶往嘴里灌，吃完用袖子揩嘴，一副无赖相，你不给钱，我能放心吗？"一席话说得无赖哑口无言，只好乖乖付钱。

店老板凭顾客的举止确定人的可信度，因为举止能反映一个人的思维与修养。可见体态语对于自我形象的塑造也是具有很大的作用的。现实生活中，体态语使用得当与否，也会导致截然不同的情形与后果。婚姻恋爱、商业洽谈、求职就业、人际交往无一不如此。

第二节　体态语修辞的特点

一、直观性与隐喻性

语言交际中，有声语言传递信息主要是通过说话人的发音器官和听话人的听觉器官来实现的，一般不靠视觉的感知。而体态语则以它的动作、姿势、表情等直接作用于对方的视觉神经和触觉神经来传递信息、交流思想，具有直观性的特点。比如伸出大拇指表示夸赞的体态，生气时瞪眼睛、竖眉毛的表情，等等。冰心小说《斯人独憔悴》中有这样一段：

> 颖石看见哥哥这样打扮着回来，不禁好笑，又觉得十分伤心，含着眼泪，站起来点一点头。颖铭反微微的惨笑。姊姊也没说什么，只往东厢房努一努嘴。颖铭会意，便伸了一伸舌头，笑了一笑，恭恭敬敬的进去。

这里，三人都没有说话，只“点一点头”“努一努嘴”“伸了一伸舌头”“笑了一笑”，这些动作就很直观地表达了各自的思想，三个人都准确地理解了对方的用心，达到了交际的目的。

含义的隐喻性，就是暗示性。由于有声语言常常把所要表达意思的一部分甚至大部分隐藏起来，造成所谓“言不及义”“言不由衷”。和有声语言不同，体态语言常常处于一种潜意识状态，基本上是一种未经大脑理性处理的深层思想情绪的直观表现，是动作者内心真实情感的显现。人们常借释读体态语言来验证言辞信息的真伪。比如某人赞扬你，脸上却伴随着诡谲的笑；告诉你某件事，目光却躲躲闪闪的；口里说着“时间这么晚了，吃了饭再走吧”，却起身做出送客的姿势。诸多事实表明，体态语言发出的真实信号往往很自然地会否定口语的信息。奥地利心理学家弗洛伊德说：“凡人皆无法隐瞒私情，尽管他的嘴可以保持缄默，但他的手指却会‘多嘴多舌’。”（张雪娇《弗洛伊德》）所以体态语言是承载和传递情感、态度和意向的最佳媒介，它不但有传递信息的功用，而且有让人借以把握真实信息的价值。

二、辅助性与局限性

人类的有声语言产生以后，体态语一般就不再独立地作为交际表达手段，而是作为言语表达的辅助性手段，主要用来补充、丰富言语信息。也就是说，体态语在很多情况下是伴随人们的言语出现的。例如说到高兴的事时，人们脸上会出现笑容，表示紧张、激动时，人们会握紧拳头，这些都加强了说话人话语中的思想和感情的表达。

体态语的辅助性决定了它的局限性。人的动作、表情等虽然有表情达意的作用，但它们远不像有声语言那样丰富细腻。这是因为人们在交际时所产生的动作、表情等类别是有限的，且多数表意是不确切的。例如连续眨眼，可以表示没听明白，希望对方复述，也可以表示听明白了，但对对方为什么这样说表示困惑，还可以表示这个人正在思考，甚至还可表示暗示、示意其他意思。体态语不仅在表意上有局限，在使用场合上也有局限，与有声语言比较，体态语是“看”的，有人称它为“视觉语言”，因此它必须在看得见的情况下使用。

三、民族性与时代性

体态语是在长期的交际活动中由一定的民族或社会成员约定俗成而来的。不同的民族有不同的文化人文背景，有各自不同的文化积淀，所以对不同民族、不同文化背景的人来说，体态语的类型不同，体态与什么意义结合也不同。例如西方人用伸出食指、中指的“V”形手势代表胜利（Victory），我国汉族人则用伸出大拇指、食指的“V”形手势代表数目“八”。又如伸出大拇指的手势，在我国汉族中表示“好极了”，在美国用于要求搭车，在日本则表示“老爷子”。这显示了同样或相似的体态在不同民族中表达不同的意义。另外，体态语的民族性还表现为，同样的意义在不同民族中用不同的体态表示。例如人们见面时相互致意，中国人一般是握手或点头问好，日本人多用鞠躬，欧美人大多是拥抱或接吻。

体态语的时代性意指体态语既有传承性，又不是一成不变的，体态也随着时代的变化而变化。这表现在两个方面：一是同样的意思，用来表达的体态变了。例如人们见面时表示尊敬的体态，在我国就由古代的“叩头跪拜”之礼发展到男人拱手作揖、女人侧身道万福，到了近现代则变为见面时的握手。二是有些同样的体态在不同时代中表示的意义不同，例如我国古代有“端茶送客”的习俗，主人端起茶杯，就是告诉客人“你该走了”，而在现代人们用这个动作只是表示敬茶，没有送客的意思了。

第三节 体态语修辞的功能

一、辅助传递信息

体态语是辅助性交际手段，在很多情况下它是伴随有声语言的，对有声语言起补充、丰富、强调等作用。例如：

> 有一次，周总理在人民大会堂接见美国乒乓球代表队。随访的美联社记者罗德里克在周总理来到代表团座席时，想了个办法，以弯膝半蹲的姿势，有意引起总理的注意。罗德里克曾在40年代访问过延安，见过周总理。果然，总理马上认出了罗德里克。他走过去，首先同罗德里克握手，说：“这不是罗德里克先生吗？我们好久没见面了。”两人的手紧紧地握在一起。
>
> （据陈敦德《毛泽东·尼克松在1972》）

罗德里克的姿势（体态语）与众不同，特别引人注意，所以他达到了与周总理交际的目的。有这个动作才引出了与总理交际的口头语言。

著名教育家斯霞老师在给小学生讲解“颗颗稻粒多饱满”

后，要求学生用“饱满”造句，学生只会用植物一类进行练习。为了扩大学生的知识视野，斯霞老师突然走到教室门口，然后转过身来，胸脯略微挺了一挺，头稍微扬了扬，两眼炯炯有神地问道：“你们看，老师今天精神怎么样?”学生异口同声回答：“老师精神饱满。”（古平等《孩子是学习的主人》）这大大增强了课堂教学的生动性和感染力，同时也巧妙地利用了体态语辅助交际。

二、单独传递信息

体态语不仅对语言交际有辅助功能，它还可以暂时离开有声语言，单独来传递信息，交流感情，具有补偿和替代功能。在传递信息、表达感情方面，有时是胜过有声语言的。正如匈牙利的贝拉·巴拉兹在《电影美学》里有一段话讲的那样：“具有高度视觉文化的人并不像又聋又哑的人那样用这些东西来代替对话……他打手势并不是为了表达那些可以用言语来表达的概念，而是为了表达那种即便千言万语也难以说清的内心体验和莫名的感情。这种感情潜藏在心灵最深处，决非仅能反映思想的言语所能传达的。”

法国作家都德的《最后一课》，相信没有人不为其中所表现出的爱国情怀所感动，而那震撼人心的爱国之情又主要是通过教师韩麦尔先生的一举一动，也就是体态语体现出来的。让我们看看面对就要失去国土、与教了40年书的“这一切分手”的韩麦尔先生在这最后一堂课中的神情举止：

> 韩麦尔先生坐在椅子里，一动也不动，瞪着眼看周围的东西，好像要把这小教室里的东西都装在眼睛里带走似的……忽然教堂的钟敲了十二下……韩麦尔先生站起来，脸色惨白，我觉得他从来没有这么高大。“我的朋友们啊，”他说，“我——我——”但是他哽住了，他说不下去了。他转身朝着黑板，拿起一支粉笔，使出全身的力量，写了几个大字：“法兰西万岁！”然后他呆在那儿，头靠着墙壁，话也不说，只向我们做了一个手势：“放学了，你们走吧。”

这里，没有慷慨激昂的演说，没有义正词严的指斥，正所谓此时无声胜有声，透过韩麦尔先生那不同寻常的装束（只有节日才舍得穿的黑色礼服、黑丝绒小帽）、神情与动作，也就是通过“体态语”这一独特的表现方式，把韩麦尔先生对国家、民族无比热爱，对学校、学生无比留恋的异常沉痛、复杂之情，表现得淋漓尽致，让人久久不能忘怀。

知名教育家徐桂英老师曾谈到这样一件事：

> 本班学生小尹，在一次卫生检查中因衣服脏而受到老师的责备，不知怎的，他却一言不发，伤心地哭起来。怎么回事呢？原来这位学生从小父母双亡，一直跟着七十多岁的外婆生活。老师的批评，使他感到了没有父母的可怜。当老师弄明白这些情况时，又怎能不为之伤心呢？可语言的安慰只能加剧他的伤感。因此，我拉他坐在我的身边，掏出手帕为他拭去眼泪。
>
> （徐桂英《谈师生间体态语言的运用》）

此时的体态语不是胜过千言万语吗？的确，在这里，语言只会显得苍白、无力，老师那无声的动作足以让学生感到母亲般的温暖和真情。这些都进一步说明，在某些场合下，体态语传递信息、表达感情的特有功能是有声语言所不具备的。

三、强化有声语言

体态语对有声语言会起到强化作用。列宁在演讲中那微微向前倾斜的体态、奋力向远方挥手的身势，闻一多在《最后一次的演讲》中质问反动派那怒不可遏地捶击桌子的满腔义愤，毛泽东演讲中那器宇轩昂、精神焕发的领袖风度，这些都深深地刻印在人们心中，成为体态强化有声语言的典范。怒目而视、冷峻的脸庞等严肃的表情会给对方造成一种压力，使其产生畏惧胆怯的心理：

> 旺儿先进去，回说“兴儿来了。”凤姐儿厉声道：“叫他！”那兴儿听见这个声音儿，早已没了主意了，只得乍着胆子进来。凤姐儿一见，便说：“好小子啊！你和你爷办的好事啊！你只实说罢！”兴儿一闻此言，又看见凤姐儿气色及两边丫头们的光景，早唬软了，不觉跪下，只是磕头。……
>
> 凤姐又叫：“旺儿呢？”旺儿连忙答应着过来，凤姐把眼直瞪瞪的瞅了两三句话的工夫，才说道：“好旺儿，很好，去罢！外头有人提一个字儿，全在你身上！”旺儿答应着也出去了。
>
> （曹雪芹《红楼梦》）

这里，风姐通过严厉的语气、凶狠的目光，吓得兴儿、旺儿魂飞魄散，不禁乖乖地招出了贾琏在外又娶了尤二姐的实情，又不敢向贾琏报信，最终也使风姐达到害死尤二姐的目的。

第四节 体态语修辞的运用

一、表情语的运用

表情指人的面部表情。法国作家罗曼·罗兰曾经说过："面部的表情是多少世纪培养成功的丰富复杂的语言，比嘴里讲的更复杂到千百倍的语言。"（《约翰·克利斯朵夫》）口语交际中，用的最多的是表情，它是人的心理活动和内心情感在人面部的生理表现。它同有声语言配合，能产生极佳的表达效果。例如：

① 但在她兴冲冲地张开口的时候，忽然看到了一面冰冷的墙，对方的笑容不见了，只有冷冷的打量，只有疑惑不解的神情，只有敬而远之的躲闪，甚至对方扬起了头、皱起了眉、撅起了嘴，是一种自卫的自尊，"你有什么了不起？你还不是蒙上的？你有什么可吹的?"她几乎听见了对方的潜台词。

（王蒙《风息浪止》）

② 对听众来说，那仿佛是旱天雨，那份儿滋润是没

法子用文字表达的。黑压压一群人，鸦雀无声，有瞪眼咧嘴的，有眯上眼的，有摇头晃脑的，有咬紧牙使劲的——全醉了！

（宋清海《吹塌天小传》）

③ 这么一会儿功夫，吴越见芳芳眼神儿没离墙角，脸上表情变化着——沉思、拧眉；忽然又眉宇舒展，嘴角上翘。吴越自己也乐了：这张脸晴阴清晰，姑娘的心思好揣摸，定是乐意。

（韩静霆《市场角落的“皇帝”》）

通过以上例子，我们可以看出，人的面部表情是由脸色的变化和眉、目、鼻、嘴、肌肉的动作来体现的。如眉毛的动作，据说就有20多种意义：飞眉表示兴奋，低眉表示顺从，锁眉表示忧愁，竖眉表示愤怒，等等。又如嘴的开合，也可以显示出多种语义：努嘴表示示意，撇嘴表示不屑，噘嘴表示不快，抿嘴表示害臊，舒嘴表示放松，咧嘴表示高兴，歪嘴表示不服，等等。它们都可以传递许多复杂的情感，甚至成为表达潜台词和言外之意的重要手段。

（一）目光语的运用

目光语是运用眼神、目光来传递信息，表达情感，参与交际的语言。眼睛素来被人们誉为“心灵的窗口”。“在眼睛里，思想敞开或是关闭，发出光芒或是没入黑暗”，“学会了眼睛的语言，这在表情上是无穷无尽的”（泰戈尔《素芭》）。因而，目光语较之其他体态语，是一种更复杂、更深刻、更微妙、更富有表现力的语言。在交际活动中，恰当运用目光语，能增添话语的表达效果。例如：

> 1952年，尼克松被美国共和党推选为副总统的候选人。在竞选期间，报纸揭发他曾接受若干大商人一万八千美元的贿赂。这个新闻正在投票期临近的时候爆发，犹如晴天霹雳，不仅可能葬送尼克松本人的政治前途，而且也有损于共和党的形象。为了挽回不良影响，尼克松发表了电视演说。尼克松说他一生只接受过一次馈赠，就是别人送给他女儿的一只花格子狗。除此之外，没有接受过不义之财。演讲时，他对观众表现出一片忠诚，眼里还闪着泪花。他的演说感动了千百万选民，同情他的电报雪片般地飞来。
>
> （据白巍等《公关心理》）

这里尼克松在演说中不仅以真挚动人的语言，还以忠诚、恳切，甚至“含着泪花”的目光语，道出了自己的无辜，因而获得公众的同情和信赖。由此可见，眼神与谈话之间有一种同步效应，它忠实地显示着说话人的真正含义。与人交谈，要敢于和善于同别人进行目光接触，这既是一种礼貌，又能帮助维持一种联系，更能让眼睛帮你说话。有的人不懂得眼神的价值，说话时总是低着头看地板或盯着对方的脚，这是很不利于交流的。要知道，人们常常更相信眼睛，谈话中不愿进行目光接触者，往往叫人觉得在企图掩饰什么或心中隐藏着什么，眼神闪烁不定则显得精神上不稳定或性格上不诚实。当然也不能老盯着对方。英国学者莫里斯认为，眼对眼的凝视只发生于强烈的爱或恨之时，因为大多数人在一般场合中都不习惯被人直视（《看人：肢体语言导读》）。研究表明，与人交谈时，视线接触对方面部的时间应占全部谈话时间的30%～60%；超过这一数值者，可认为对对方本人比对谈话内容更感兴趣；低于这一数值者，则表示对谈话内容及谈话本人都不怎么感兴趣。后两者在一般情况下都是失礼的行为，都会妨碍交谈。

（二）微笑语的运用

微笑语是通过略带笑容或不出声的笑来传递信息的体态语。微笑是友好的使者、成功的桥梁。在人与人的交往过程中，微笑能大大缩短双方的心理距离，能调整紧张的人际关系。著名科普作家高士其说："（笑）是美的姐妹"，"是爱的伴侣"，"是治病的良方，健康的朋友"（《笑》）。据调查，很多政治家、外交家、演员、公关小姐，他们事业上的成功，不仅因为他们有出众的才华，更因为他们那颇具魅力的微笑。微笑语是一种跨文化的通用的体态语言。例如：

> 一次，周恩来总理在访问印度的归国途中，在尼泊尔首都举行过一次精彩的记者招待会。会上有个外国记者提出了这样一个问题："周恩来总理，您日理万机，但身体依然很好，精力充沛，满面红光，您是否可以谈一下您是怎样生活的？"这个问题对平凡百姓，倒没有任何敏感的地方。但对一位中国总理来说，是不大好回答的，

可以说这是智慧与机敏的考验。只见周总理听完后，先是微微一笑，这个微笑中传递的是友善、轻松、有风度的信息。接着随口答道："我是按照东方民族生活方式来生活的。"

（据杨明伟《世纪伟人周恩来》）

这一笑一答，含蓄巧妙，立即赢得了热烈的掌声。

汉语里有不少成语、俗语、歇后语是描写人的面部表情和眼耳口鼻的，它们凝练有力，生动形象，充分展现了体态语的丰富多彩。表现面部表情的成语有：喜形于色、面不改色、不动声色、绘声绘色、怒形于色、面无人色、面有难色、大惊失色、正颜厉色、谈虎色变、鉴貌辨色、谈笑自若、谈笑风生、道貌岸然、温情脉脉等等。描绘眼耳口鼻的成语有：目不转睛、目光如炬、目空一切、目中无人、目不暇接、一见如故、一见倾心、一目了然、一饱眼福、一目十行、喜上眉梢、眉开眼笑、喜闻乐见、耳闻目睹、目瞪口呆、耳目一新、耳濡目染、掩人耳目、嗤之以鼻、掩鼻而过、鼻息如雷、口耳相传、口若悬河、赞不绝口、说一不二、说长道短、七嘴八舌、咬牙切齿、以牙还牙、心服口服等等。表现人的面部表情和眼耳口鼻的俗语和歇后语有：往脸上贴金，一笑值千金，有眼不识泰山，大眼瞪小眼，不见棺材不落泪，耳闻不如眼见，百闻不如一见，碰了一鼻子灰，一个鼻孔出气，浑身是口难分辨；包公审案——铁面无私，看三国掉眼泪——替古人担忧，鼻子里插葱——装象（像），顶风吃炒面——张不开嘴，坐轿子号丧——不识抬举，等等。

二、手势语的运用

手势语也是一种表现力很强的体态语言，是传情达意的有力手段之一。手势语言十分丰富，能表示各种意义。它常常被用来弥补有声语言的不足，起辅助或者强化作用。

在日常交际活动中，手势语言的运用范围很广，使用频率也相当高。例如，在街上“打的”时，用招手表示呼唤；当回答是否需要某件东西时，用摇手表示不需要或者谢绝；其他如搓手表示为难，叉手表示自信、优越，摊手表示坦诚或无可奈何，拱手表示行礼或者道谢，等等。

（一）手指语的运用

手指语是通过手指的各种动作传递信息的体态语言。这种体态语言从古至今在交际活动中经常被使用。例如：

① 操以手指玄德，后自指，曰：“今天下英雄，惟使君与操耳！”

（罗贯中《三国演义》）

② 车夫们听见了，一齐拉着车围拢来，问他到什么地方。他稍微昂起了头，似乎增加了好几分威严，伸出两个指头扬着说：“只消两辆！两辆！”

（叶圣陶《潘先生在难中》）

③ 赵姨娘听说，鼻子里笑了一声，说道：“罢，罢，再别提起。如今就是个样儿。我们娘儿们跟的上这屋里

那一个儿！也不是有了宝玉，竟是得了活龙。他还是小孩子家，长的得人意儿，大人偏疼他些也还罢了；我只不伏这个主儿。”一面说，一面伸出两个指头来。马道婆会意，便问道：“可是琏二奶奶？”赵姨娘唬的忙摇手儿，走到门前，掀帘子向外看看无人，方进来向马道婆悄悄说道：“了不得，了不得！提起这个主儿，这一分家私要不都叫他搬送到娘家去，我也不是个人。”

（曹雪芹《红楼梦》）

仅从以上例子来看，手指语的表意也是很丰富的。曹操的手指语，是用来明确指称对象。潘先生伸出两个指头是为了辅助表达数目。赵姨娘是言语举止一齐来——“‘我只不伏这个主儿！’一面说，一面伸出两个指头”，“两个指头”在这里的语义表述要比有声语言更有效。马道婆不注意，或者说她不用这个忌讳，一句话挑明。赵姨娘的一系列反应就更能说明她的卑微地位和怯懦性格。

（二）握手语的运用

握手语是通过交际双方以手相握来传递信息的体态语言。它是信息的双向交流，能表达许多微妙复杂的思想、感情，是现代交际活动中不可缺少的礼节和手段。

握手的作用很多，可表示问候、友好，表示祝愿、鼓励，表示诚意、合作，表示欢迎、感谢，表示结束、告别，等等。握手语的运用也是有讲究的，李斌的《国际礼仪与交际礼节》一节中这么说：

一般在相互介绍和会面时握手。遇见朋友先打招呼，然后相互握手，寒暄致意。关系亲近的则边握手边问候，甚至两人双手长时间地握在一起。在一般情况下，握一下即可，不必用力。但年轻者对年长者，身份低者对身份高者则应稍稍欠身，双手握住对方的手，以示尊敬。男子与妇女握手时，往往只握一下妇女的手指部分。

握手也有先后顺序，应由主人、年长者、身份高者、妇女先伸手，客人、年轻者、身份低者见面先问候，待对方伸手再握。多人同时握手注意不要交叉，待别人握完再伸手。男子在握手前应先脱下手套摘下帽子。握手时双目注视对方，微笑致意，不要看着第三者握手。

美国著名女作家海伦·凯勒曾经写道："我接触过的手，虽然无言，却极有表现性，有的人握手能拒人千里。……我握着他们冷冰冰的指尖，就像和凛冽北风握手一样。也有些人的手充满阳光，他们握住你的手，使你感到温暖。"（《一双双托满阳光的手》）由此可见，握手语的运用是很讲究的。它们都是握手人不同情感的表达和流露，是一种无声的表达。让我们看下面的几个实例：

④ 1954 年 4 月 7 日，周恩来总理率领中国代表团出席日内瓦会议。这次会议是中美两国在朝鲜战争后第一次在国际会议上坐在一起。当时美国国务卿杜勒斯担任美国代表团团长。他推行的仍是敌视和不承认中国的政策。会议后不久，杜勒斯离开日内瓦回国，由史密斯担

任代理团长。会议后期，史密斯曾主动找过周总理寒暄聊天。有一次，周总理在休息室里看见史密斯正在倒咖啡，便走了过去，向他伸出了手。史密斯当时左手夹着雪茄烟，一见周总理过来，慌忙用右手端起咖啡杯，有意让两手不空，表示无法再握手了。但他仍然和周总理交谈，大力称赞周总理的外交才华和中国的高度文明。日内瓦会议的最后一天，周总理正在同旁人说话，史密斯突然走到周总理面前，向他问好，又说了一番赞扬话后，便将双手握住周总理的胳臂有力地摇了摇，才向周总理告辞离去。

（据南新宙《周恩来一生》）

⑤ 1972 年，尼克松偕夫人访华。当他们迈步走下舷梯，离地面还有三四级台阶时，尼克松已经微笑着伸出了他的手。周恩来总理的手也伸了出来，俩人紧紧地握着手，轻轻地摇晃着，足足有一分多钟。

（据陈敦德《毛泽东·尼克松在 1972》）

⑥ 1972 年，尼克松访华，毛泽东与尼克松会晤时，朝尼克松伸出手，尼克松也朝他伸出手。两个人的手紧紧地相握了。尼克松还将左手握住毛泽东的右手，毛泽东也将左手搭上去握着。俩人都笑了，两个人四只手相叠在一起握了好一会，大大超过了常规礼节的握手时间。

（据陈敦德《毛泽东·尼克松在 1972》）

例④中周恩来总理主动向史密斯伸出右手，正是大国领袖博大胸怀的体现，而史密斯立即让双手拿住东西，这实际上委婉拒绝了周总理的握手。史密斯为什么不与周总理握手却又多次与周总理攀谈，并大力赞扬周总理呢？原来杜勒斯在回国前，曾严禁美国代表团成员同中国代表团成员握手。但杜勒斯的这种做法，在美国代表团内部是有不同看法的。史密斯就是一个突出的例子，他可以不直接与周总理握手，但他以热情洋溢的言辞、有力地摇了摇周总理的胳臂的手势语来代替握手，巧妙地表达了对周总理和中国的态度，传递了友好的信息。后面两例是尼克松访华时，两次非同寻常的握手。例⑤中，尼克松抵达北京，在一般情况下，应该是具有主人身份的周恩来总理先伸出右手。然而未待周总理伸出手来，尼克松在“离地面还有三四级台阶时”，就已微笑着早早地伸出了右手，并与周恩来总理紧紧相握着，持续了一分钟之久。这样做，他意在纠正1954年在日内瓦杜勒斯拒绝与周总理握手的失礼行为，并表示他与中国建立友好关系的意向。例⑥是毛泽东与尼克松会晤时的握手，这也是一次极不平凡的握手，它意味着中断20多年关系的中美两国又重新握起手来，打开了友好的大门。来自两个国家的领袖四只手相叠在一起紧握时的每个细节无不传递着中美双方的真情诚意。

汉语的成语、俗语和歇后语也有不少是用来描绘手势语的。成语有：手不释卷、手到擒来、信手拈来、握手言欢、拍手称快、一手托天、爱不释手、摩拳擦掌、手眼通天、手疾眼快、轻手轻脚、大手大脚、指手画脚、手忙脚乱、手足无措、手舞足蹈、寸步难行、捷足先登、亦步亦趋、翘足引领等等。俗语和歇后语有：一个巴掌拍不响，翻手为云覆手为雨，胳膊肘儿往外撇，临时抱佛脚；灶王爷伸手——拿糖，湿手捏干面——黏缠极了，等等。

三、姿态语的运用

姿态指以躯干为主体的身体各部位做出的各种姿势以及呈现出的不同状态。姿态语是通过静态和动态的身体姿势传递交际信息的体态语言。它由两部分内容组成：一是各种不同的身体姿势，二是交际双方的空间距离。

（一）整体身姿语的运用

“风度”“风采”“形象”“气质”“仪表”“仪态”这些词都是描绘人们通过举止姿态所表露出来的整体精神面貌。人们说的第一印象，就是在初次结交时举手投足间给对方形成的感觉认知。它是一个综合性的指标，有的是先天的，但主要是后天的修养和陶冶。整体的身姿形象，一个是“静”时的平稳，一个是“动”时的和谐。形容仪态标准的说法很多，例如：“静若处子，动若脱兔”，“站有站相，坐有坐相”，“站如松，坐如钟，走如风”。古人把人的行为举止更多地纳入封建礼仪文化的范畴，比如淑女的标准应是“笑不露齿，走不动裙”。而现代科学则将它看作内在思想感情的外化，是一种特殊言语信息的传递和反映。

1．躯干部位

躯干部位主要包括颈、肩、胸、背、腹、腰等部位。

颈部动作主要是传达感情，表达个性。与它相关的头部活动所传递的信息中，最具代表性的一是判明是非，二是表现言语主体的自信与否。世界上大部分民族都是遵奉“摇头不算点头算”的表达方式，而表现个人性格特征的则有“最辣的是长脖大葱紫皮蒜，最难斗的是仰脸老婆低头汉”的说法。有的是应酬性、机械性的，如侧着脖子倾听，或表示感兴趣，或表示怀疑。

肩部是责任和尊严的象征。它能充分显示一个人的威严。用手接触对方的肩膀，行为主体往往有一种优越感。摇肩多为撒娇，和不成熟有关。耸肩则是西方人喜欢采取的方式。

猿到人的进化，把胸腹由隐蔽状态转变为暴露状态。这也成为人与动物的胸腹动作语言的重大分野：动物暴露胸腹是放弃抵抗，表示自己甘居从属地位；而人的“挺胸袒腹”表示优越、得意、自信、尊严，以及所居的主导地位。假如表现过分的话，则是傲慢自大。

背部动作的特点是表意含蓄且丰富。背部挺直的行为姿态，往往表明经过严格训练，或者自我约束，严于律己，或者具有一定的权威。假如过于僵硬，也有刻板的一面。有意驼背、低头哈腰则有自卑、惶恐和封闭的心理。女性多用背部说话，娇羞、矜持、嗔怪，尽在不言之中。

东方文化一向注重腹部在精神上的含义。传统熟语中的大量类义表达充分说明了这一点：“打腹稿”“满腹经纶”“肝胆相照”“肝肠寸断”“搜肠刮肚”“愁肠百结”“一肚子学问”等。腹部的动作语言有：凸腹——心理优势的体现，自信满足、意志胆量的象征；重拍腹部——自信；腹部起伏不停——愤怒或兴奋；抱腹蜷缩——消沉、不安、沮丧。

腰部动作主要体现心理状态及精神状态。“挺起腰杆”往往意味着精神抖擞，表示意志坚定、自信优越的个性。“点头哈腰”显然是卑躬乞怜。双手叉腰表示成竹在胸、强劲威严。腰与臀部的结合动作典型地表现在坐姿方面。“正襟危坐”、腰板挺直，一般表示郑重严肃，若过分则显得做作刻板。深坐腰陷者表现出优越感，浅坐腰部前倾者容易显示出谦恭的态度。坐姿还容易显露潜意识的情感：不断地改换挪动位置与坐式，“如坐针毡”，这是急躁不安的表现。

2. 下肢部位

腿和脚，在动作语言的表现方式上具有隐蔽性。二者结合主要显现在站式、坐式两个方面。

站式：男性站立时，双腿挺直，中间成一线，两脚并拢，形成60度夹角，便显示出刚劲干练的气质；女性双腿自然挺立，两脚成前后斜线站稳，重心在后，自然透露出庄重、含蓄、矜持的风韵。

坐式：男性两腿平稳放置显得自信、洒脱和豁达；女性膝盖并拢、双腿自然放置显得稳重优雅。不论是男性还是女性，在与身份比自己高的人或长者交谈时，一般不要“跷二郎腿”，否则会被看作没大没小、没有礼貌。

（二）空间距离的把握

美国人类学家爱德华·霍尔把人类的空间关系划分为四种距离或区域。他认为，各种距离都与双方的关系相称，他把这种相称性用数字化的形式表示出来。

第一种是亲密距离，近范围在15厘米之内，是人际交往的最小距离。亲密距离的远范围是在15—45厘米之间。亲密距离只用于情感上高度亲密的人之间。

第二种是个人距离，近范围是 45—76 厘米之间，这是与熟人交往的空间。个人距离的远范围在 76—122 厘米之间，任何熟人和朋友都可以自由地进入这个空间。

第三种是社交距离，近范围是 122—213 厘米之间，一般在工作环境和社交聚会上，人们都保持这个距离。社交距离的远范围在 213—365 厘米之间，表现一种更加正式的交往关系。

第四种是公众距离，近范围是 365—762 厘米之间，远范围在 762 厘米之外，这是一个几乎能容纳所有人的距离，是公开演讲时演说者与听众保持的距离。

人际交往时空间距离的远近是交往双方是否亲近、是否友好的重要标志，也是划分不同种类交际的重要标志。所以，人们在交往时，要追求言语交际的质量，不仅要注意言辞，还要注意言语交际中空间距离的把握，有意识地选择与他人交际的最佳距离。

体态语是一门学问，是一门艺术，也是一种技能。对于有着“无声的语言”之称的体态语的研究，在我们探讨语言修辞的过程中，更有着非同寻常的讨论和认识价值。正如爱德华·霍尔在他著名的《无声的语言》中指出的，无声语言所显示的意义比有声语言要多得多，而且深刻得多。言为心声，体态语则是无言的心声。我们可以通过体态语补充、强化表达效果，也可以通过体态语观察、分析别人说话的真正内涵，从而达到正确理解和沟通的目的。

第七章　书面语修辞

书面语是指人们用文字及其他表意符号书写的语言。书面语以口语为基础，但比口语更讲究规范，也更为严密和精确。正如鲁迅在《答曹聚仁先生信》中所说："语文和口语不能完全相同，讲话的时候，可以夹许多'这个这个''那个那个'之类，其实并无意义，到写作时，为了时间、纸张的经济，意思的分明，就要分别删去的，所以文章一定应该比口语简洁，然而明了，有些不同，并非文章的坏处。"书面语体一般可分为公文语体、科技语体、政论语体、文艺语体。

第一节　公文语体

公文语体是国家机关、社会团体、企事业单位、社会成员处理公私事务时常用的一种语体。公文语体又叫事务语体、应用语体、公文事务语体。

公文语体的使用频率非常高，运用十分广泛。它应用于社会生活的各个方面，例如：命令、决定、决议、公报、通告、通知、报告、请示、公函、公约、合同、规章、广告、书信等。

公文具有悠久的历史，从现存的文献资料看，具备公文雏形的是三千多年前的殷墟甲骨文。甲骨文书集中记载了商朝后期各王朝的重大活动，其中有些可看作是早期的公务文书。在历史发展的过程中公文逐渐形成了一些套语和比较固定的格式。公文常用的套语有“函达”“电陈”“特此通报”“予以查处”“此布”等。它的篇章结构也表现出程式化和规格性的特征。通知、通报、决议、请示之类的标题、编号、发文日期都有一定的格式。以标题来说，它要概括公文的主要内容，标明发文机关的名称、公文的类别。例如：《中共中央国务院关于打赢脱贫攻坚战三年行动的指导意见》（2018 年 6 月 15 日）、《中华人民共和国政府电子商务法》（2018 年 8 月 31 日第十三届全国人民代表大会常务委员会第五次会议通过）等。公文语体的性质，决定了它的语言特点。

一、明确性

公文语体是处理实务、解决实际问题、讲求实效的语文体式。因此，它的语言表达必须具备明确性。叶圣陶曾经指出：“公文不一定要好文章，可是必须写得一清二楚，十分明确，句稳词妥，文体通顺，让人家不折不扣地了解你说的是什么。”（《公文写得含糊草率的现象应当改变》）

公文语体的明确性在词语运用上，常表现为用词准确、明晰、规范，大量使用公文专用词、文言词、书面语词，如“兹”“鉴于”“值此”“如下”“草签”“敬悉”等。句式运用上，常使用一些高度凝缩的句式或带介词短语的长句，这也是表意明确的体现。因为长句具有容量大、叙事具体、说理严密的优势，介词短语分别从目的、原因、依据、手段、方式、对象和范围等方面加以说明。例如：

①为了维护国家的统一和领土完整，保持香港的繁荣和稳定，并考虑到香港的历史和现实情况，国家决定，在对香港恢复行使主权时，根据中华人民共和国宪法第三十一条的规定，设立香港特别行政区，并按照"一个国家，两种制度"的方针，不在香港实行社会主义的制度和政策。国家对香港的基本方针政策，已由中国政府在中英联合声明中予以阐明。

（《中华人民共和国香港特别行政区基本法》）

上例使用了"为了……""在……时""根据……""按照……""对……""由……"等多重介词短语的长句，这在公文语体中是屡见不鲜的。

公文语体的明确性还表现在表达周全、精当、严密上。公文语体主要使用陈述句和祈使句。陈述句用于客观地陈述事务、说明问题；祈使句用于提出要求和规定，明确要做什么或不做什么。与之相关的时间、地点、数量、范围和原则、意见、方法、措施等都十分明确。例如：

②孙中山先生夫人、中华人民共和国名誉主席宋庆龄同志，不幸于五月二十九日二十时二十八分在北京逝世。定于本月三十一日至六月二日在北京人民大会堂举行吊唁、瞻仰遗容，六月三日举行追悼大会，六月四日

安葬于上海宋氏墓地。

　　宋庆龄同志在台湾的亲属和生前友好前来参加丧礼概表欢迎。中华航空公司专机可到北京首都机场和上海虹桥机场降落，一切费用由本会支付。

（《欢迎宋庆龄同志在台亲属和生前友好前来参加丧礼》）

这个公告，对逝世、吊唁、追悼会的时间和地点，对飞机降落的地点以及费用支付的范围都交代得十分清楚、明确。

二、简要性

叶圣陶曾经指出："为了节省看公文的人的精力和时间，公文就该尽可能写得简而得要。"（《公文写得含糊草率的现象应当改变》）据史书记载，明朝洪武八年，刑部主事茹太素给朱元璋写了一封一万七千字的万言书，朱元璋叫人读给他听，听到六千多字时，还没听到实际内容，气得下令把茹太素痛打了一顿。第二天朱元璋再叫人往下读，直读到一万六千多字后，才听出茹太素提出的五条建议。这五条建议有四条是可行的，朱元璋立刻命令施行。如果茹太素开门见山地提出五条建议，还会遭受皮肉之苦吗？如果朱元璋没有再往下听，岂不误了大事？

公文语体的简要性，首先表现在用词的精练上。它除了运用大量的公文语词外，还有一套固定的习惯用语，如"专此""为荷""谨""之"等，保留了一些文言成分，使得语言既庄重典雅，又凝练精当。例如：

① 中国革命胜利的形势已使反动派濒临死亡的末日，沪上环境如何，至所系念。新的政治协商会议将在华北召开……至祈先生命驾北来……谨电致意，伫盼回音。

（毛泽东《给宋庆龄的两封信》）

这是1949年1月19日毛泽东、周恩来同志给宋庆龄同志的电报。电报要求用极少的文字表示明确无误的内容。这封电报使用了古语词，比用白话文节省文字，且具有庄重的色彩。例如，“系念”就是“挂念”的意思，但多用于书面语；“祈”是“希望”的意思，“至祈”是“十分盼望”；而“命驾”（乘车出发）、“伫盼”（站着盼望着）用白话说，没有对等的词，要表示这两个词的意思就要用较多的话，而且庄重意味不易传达出来。

公文语体的简要性也体现在句式简洁上。它常常使用一些高度凝缩的句式，使用具有名词功能的“的”字短语。例如：

② 第五十三条　合同中的下列免责条款无效：

（一）造成对方人身伤害的；

（二）因故意或者重大过失造成对方财产损失的。

（《中华人民共和国合同法》）

其中由于使用“的”字短语，省去中心语“人”，体现了法律行文的简洁、准确。

三、质朴性

公文语体主要是对客观情况进行说明，要求语言平实朴素，大凡具有象征、比拟、比喻等形象色彩和描绘作用的词语，一般都不用或少用，以免这类词语所附加的感情色彩影响到表意的单一和准确。专用词语相比之下质朴无华，因此公文语体大量使用，这也体现出其质朴性。例如：

① 经济体制的改革和国民经济的发展，使越来越多的经济关系和经济活动准则需要用法律形式固定下来。国家立法机关要加快经济立法，法院要加强经济案件的审判工作，检察院要加强对经济犯罪行为的检察工作，司法部门要积极为经济建设提供法律服务。

（《中共中央关于经济体制改革的决定》）

上例中的语言重实用，少文饰，平铺直叙，句法单一，可以说没用任何辞格。

总之，不同的语体对语言的使用有不同的要求，违背了这一点就会闹出笑话。例如：

② 我公司的女服装，品种繁多，有美如垂柳的长裙和睡衣，有艳比玫瑰的旗袍和裙衫；有花团锦簇、五彩缤纷的绣衣、大衣和短衫；有富丽如牡丹、淡雅如幽兰的罩衫和衬衣。艳而不凡，美而不俗。无论在选衣料、设计款式以及一针一线，均经精心加工制作。

③ 阳春三月，草长莺飞，苏杭一带，游人如织，我地区许多单位纷纷行动，组织参观游览。我们收到上级《关于严禁以参观、学习等名义去风景区游览的通知》，现转发你们，望组织学习，遵照执行。

例②作为介绍商品的公函，本应客观简明地陈述商品的特征，这样才能给读者留下真实可信的印象，从而促成交易。然而这篇公文不是这样，艳丽的形容词用得实在不合时宜，反而会使人们觉得做作、卖弄。例③同样用抒情描写的手法来做通知，真有点不伦不类了。

语言的运用要随着对象的变化而变化，在公文语体中，要做到语言运用得当、得体，还必须注意自己的身份地位以及与对象的相互关系。例如毛泽东在1939年写的两封信：

④ 岸英岸青二儿：

你们上次信收到了，十分欢喜！

你们近来好否？有进步否？

我还好，也看了一点书，但不多，心里觉得很不满足，不如你们是专门学习的时候。

为你们及所有小同志，托林伯渠老同志买了一批书，寄给你们，不知收到否？来信告我。下次再写。

祝你们发展、向上、愉快！

毛泽东

1939年8月26日

（《致毛岸英、毛岸青》）

⑤ 汉群先生左右：

王右瑜先生到延安，接谈甚快。奉读大示，向往尤深。先生翊赞中枢，功高望重，下风引领，敢不拜嘉。国难当前，团结为第一义，此物此志，当与先生同之也。

敬复。即颂

勋祉

弟毛泽东　上

10月7日

（《致吕超》）

毛泽东给子女的信，语言平易，如拉家常，全用长辈对晚辈的口气，饱含慈爱，充满希望。而为团结各方力量，共赴国难，作者在给比自己大三岁的国民党高级军事官员吕超（号汉群）的信中，则多用典雅的文言，称号不称名，语气尊重，署名前加“弟”，既表明了年龄关系，又显得自谦、亲切。

第二节　科技语体

科技语体是适用于发表科学研究、发明创造成果和普及科学技术知识的一种语体。它用于阐述、总结自然现象、社会现象和思维现象，并论述其内在规律，为科学、技术的研究发展和普及服务，为社会进步和生产发展服务。

科技语体可分为专门科技语体和通俗科技语体。专门科技语体是学术专著、学术论文、学术报告、科技情报文献、科技教材、实验报告等使用的语体。通俗科技语体主要是一些普及性的通俗科技读物使用的语体。这二者因写作目的和对象的不同，具有不同的语言特点。

一、专门科技语体的特点

（一）严整性

专门科技语体的严整性表现在它的话题集中、概念准确、分析严密、叙述完整等方面。专门科技语体论述的是科学问题，科学重在说理，说理就要求严密完整，才能正确反映科学现象，揭示事物的本质特点。

专门科技语体的严整性，具体说来，就是句段组织缜密，叙述完整，表意周详。科学家在下科学定义或阐述科学道理、说明科学现象时，多用完全句，很少用省略句，以使表意精确缜密；多用长单句，利用逻辑性定语把有关的事实和相应的结论表达得完整、详尽；多用多重复句，以正确反映科学现象及其相互间错综复杂的关系，并借助关联词语使句子组织严密，增强其语言的逻辑性。例如：

①语言和思维尽管是不可分割地联系在一起的，但两者并不是同一回事，因此，思维的职能并不是语言的职能，我们既不能说语言帮助思维去创造客观世界，也不能说语言的职能在于直接反映客观世界。

（高名凯《语言论》）

② 生物按照亲代所经历的同一发育途径和方式，摄取环境中的物质建造自身，产生与亲代相似的复本的一种自身繁殖过程叫作“遗传”（heredity）。

（周希澄等主编《遗传学》）

例①是因果关系的多重复句，以关联词语“因此”为界，前因后果。前因又由两个分句构成转折关系，用成对的关联词语“尽管……但……”来表示；后果又是多重关系，“思维的职能并不是语言的职能”与“我们……反映客观世界”是因果关系，它的果句又是并列关系，用关联词语“既……也……”表示，语言组织十分严密，具有很强的逻辑性。例②用一个长句给“遗传”下了一个十分周密的定义，其中涉及许多遗传学的专业术语，同时在关键术语后还给出了英文表述，可见其严谨性。

（二）抽象性

专门科技语体是抽象思维的产物，经常使用抽象的语言手段。在词语的选用上，大量运用科学术语，这些术语表达着抽象的科学概念，表义单一而精确；还常常使用国际通用符号、图表公式等来代替语言的叙述；很少运用辞格等修辞手段，以保证其科学性。例如：

③ 从化学结构来看，蛋白质分子是一个由二十种氨基酸单体缩合而成的多肽分子。蛋白质分子的多肽链结构就是它的一级结构。而多肽链通过内氢键形成的螺旋

体，称为蛋白质分子的二级结构。螺旋体和散开的肽链在球蛋白分子中盘来扭去的方式，称为球蛋白分子的三级结构。

（杨国璋主编《当代新学科手册（续编）》）

④ 由于人类拥有了火箭和卫星，就可以对X和UV区间的大气吸收问题进行研究。X和UV区间的物质是密集的，它们在磁弧、高度弧、温度弧和不同的密度弧上变化着。但在光球层的静区上方，人们不会看到辐射，因为那里是日冕洞。日冕洞的扩展是随着太阳活动性的变化而变化的：在太阳活动极大期，日冕洞会被限制在太阳的两极地区。在这些区域中，磁场是垂直的，因此磁力线在太阳上是不会卷曲的，正因为如此，太阳风是很容易摆脱太阳而吹向太空的。

（宋世维编译《神秘的日冕》）

例③中的“蛋白质分子”“氨基酸单体”“多肽分子”“多肽链”“内氢键”“螺旋体”等，都是有关“结构化学”的科学术语，专业特征非常明显。例④的“磁弧”“高度弧”“温度弧”“密度弧”“光球层”“静区”“日冕洞”“磁场”“磁力线”“太阳风”等专业术语和专业符号“X”“UV”的使用，正是专门科技语体的一大特点，体现了它的抽象性和专业性。

（三）平实性

专门科技语体的任务是运用概念、判断和推理系统地论述科学现象和人类思维的现象及与之相关的应用情况，使读者获得理性的认识，而不是激发读者的感情。它要求科学工作者对科学现象必须做出客观的解释、静态的叙述，因而它的语言是朴实无华的，不需要铺陈雕饰，也不需要描绘抒情。在这一点上，虽与公文语体有相同之处，但又以科学性、专业性强而与公文语体有所不同。

专门科技语体的平实性还表现在使用自然平实的句式，即多用陈述句，直截了当地陈述事理，少用或不用带有感情色彩的祈使句或感叹句；多用限制性修饰语句，以便把要阐述的内容表述得准确、客观，少用或不用抒发感情的描绘性修饰语句。此外，专门科技语体的平实性还表现在修辞方式的运用上，一般只用句式类的修辞方式，如排比、对比等来为逻辑论证说明服务，而较少使用描绘类的辞格。例如：

⑤ 柴胡：本品为伞形科植物狭叶柴胡、北柴胡及同属其他植物的干燥根或全草……味苦，性微寒。功能解表和里、退热、升阳、疏肝解郁、调经。近代实验证明有解热、镇痛、镇静、抗疟、镇咳、抑菌、抗炎、降血脂、保肝等作用。

（陈新谦主编《新编药物学》）

⑥ 所以，客观规律具有无比的权威性。人们尊重它，掌握它，利用它，它就是最强大的武器；反之，人们蔑视它，否定它，违反它，它就变成无敌的对手……因此，按照客观规律办事，就胜利，就能取得自由；不按客观规律办事，就失败，就滞于必然性或盲目性之中。

（赵培星《论规律》）

例⑤着重从医学的角度对柴胡的性质、功能、作用进行了客观实在的说明，不加夸饰渲染，不带主观感情色彩。例⑥向人们揭示了按照客观规律办事就胜利，反之就失败的科学真理。其中运用了排比和对比的辞格，态度是客观的，完全符合科学实际，体现了语言表达上的平实性和客观性。

二、通俗科技语体的特点

通俗科技语体主要是向非专业人员和不大熟悉某一科学领域的人深入浅出地介绍该领域内科学知识的一种语体。它具有通俗性、生动性、趣味性等特点。

（一）通俗性

通俗科技语体的功用是把科学知识普及到广大群众中去，也就是说，它是给不太熟悉某种科学的外行陈述的，所以在语言上要力求通俗，尽可能地少用专门术语，用浅显易懂的语言形式表达抽象复杂的科学内容，使深奥复杂的科学知识变得浅显具体、通俗易懂。例如：

① 所谓对流，就是空气中冷空气因沉重而向下降，热空气因轻浮而上升所造成的流动。凡是物质，热轻而冷重。空气的炎热是由于受了地面辐射，所以加热是从地面起。譬如水锅煮水，火在锅底，面部冷水向下沉，锅底热水向上升，接近地面空气也是如此。

（竺可桢《气象浅说》）

② 月亮，在人们看来是那样皎洁美丽。古时候的人想象出许多神话，说那上面有嫦娥、玉兔，还有个名叫吴刚的人在砍桂花树。其实，月亮上面完全是一片荒凉，根本没有任何生命。

月亮周围没有大气。少了大气这条“棉被”，它的表面白天受太阳暴晒，温度猛升到127℃；夜晚背对太阳的时候，温度又一下子降到零下183℃。这样的酷热严寒，谁能受得了呢？

既然没有大气来阻挡那些空中飞来的石块，月亮表面就被轰得一塌糊涂，到处都是大坑小凹。用望远镜可以看到，月亮上有几十万个大大小小的环形山。大多数环形山都是石头“炮弹”炸出的弹坑，看着那密密麻麻的弹坑，我们就更应该感谢地球的这层大气了。

（卢炬甫《月亮上面是个什么样子》）

例①空气对流这一科学现象对非专业人员来说，是陌生的，但是水锅煮水却是人们所熟悉的。作者通过人们日常见到的水锅煮水面部冷水向下沉、锅底热水向上升的现象来形容它，就使“对流”这一科学概念变得具体可知，不再是抽象难懂的了。例②是向非专业人员普及有关月亮的科学知识的，其浅显、通俗性显而易见。

（二）生动性

通俗科技语体既要注意科学性，也要注意生动性，如果语言枯燥乏味，不生动形象，就无法增强对读者的吸引力。

因而它要适当地运用抒情性和形象性的词语来描述科学现象。例如：

③ 粘满了铜丝的铜胎是一件值得惊奇的东西。且不说自在画怎么生动美妙，图案画怎么工整细致，单想那么多密密麻麻的铜丝没有一条不是专心一志粘上去的，粘上去以前还得费尽心思把它曲成最适当的笔画，那是多么大的功夫！

（叶圣陶《景泰蓝的制作》）

句中“生动美妙”“工整细致”“密密麻麻”这些抒情性和形象性的词语，准确又生动地突出了所描述的科学现象，富有强烈的吸引力和感染力。

（三）趣味性

通俗科技语体还要求作品尽量写得趣味盎然、引人入胜，从而吸引读者，达到推广普及科学知识的目的。具体来说，它要有新鲜的内容、吸引人的情节，还要有妙趣横生的语言，它常常较多地使用比喻、比拟等辞格，引发丰富的想象与联想。有不少科普著作就是以“趣味”命名的，如《趣味数学》《趣味逻辑学》等。例如：

④ 就其轮廓而看，细菌大约可分为六大类：一为像菊花似的“放线菌”，二为像游丝似的“丝菌”，三为断干折枝似的“枝菌”（即“分枝杆菌”），四为小皮球似的

"球菌"，五为小棒子似的"杆菌"，六为弯腰曲背的"弧菌"。那第六类，有的多弯了几弯，像小小螺丝钉，又叫做"螺旋菌"。

（高士其《细菌与人·细菌的形态》）

这段文字，在科学的基础上展开想象的翅膀，以具体生动的形象描绘出抽象的科学概念，读来让人感觉如见其形，妙趣无穷。

第三节　政论语体

政论语体是阐述或评论社会、政治、生活和思想认识问题的一种语体。政论语体又叫宣传鼓动语体或评论语体。包括报刊社论、时事评论、政治论文、杂文小品、宣言、政治决议以及党和国家领导人的重要文章、报告、讲话等。在选择语言材料和修辞方式方面，政论语体几乎不受什么限制，它可以使用各种风格色彩的语言材料和各种修辞方式，也可以运用各种术语。政论语体在语言运用上有如下特点。

一、鼓动性

政论语体的功用在于表达自己的立场、观点，并使对方与自己产生思想和感情上的共鸣，因此它首先要求语言富有感人的力量。在词语方面，常用具有鲜明感情色彩的词语，爱憎分明，旗帜鲜明；常用具有描绘性色彩的词语、成语、典故、诗词等，以增加语言的鼓动性和感染力。句式方面长短错落，整散结合，广泛使用陈述句，也用疑问句、祈使句、感叹句，大量使用各类复句，经常使用肯定与否定相叠的句式，也会适当使用文言句式，这些形式能使语言雄浑有力，斩钉截铁。政论语体对各种辞格都有一定的开放性，常运用排比、对偶、层递、反复、反问、设问等来壮大语势，运用比喻、比拟等增加语言的生动性，有时还用呼告、借代、顶真、拈连、别解、拆词等。例如：

① 春分刚刚过去，清明即将到来。“日出江花红胜火，春来江水绿如蓝。”这是革命的春天，这是人民的春天，这是科学的春天！让我们张开双臂，热烈地拥抱这个春天吧！

（郭沫若《科学的春天》）

② 不仅敌人不让你拖，就是国内情形也不会让你拖。许多军队不开到前线，不积极作战，士气能提高么？……人民自由不取得，人民生活不改善，劳动生产力不提高，官僚政治不肃清，排除异己的压迫政策不取消，抗战后方能安定么？这些现象不改变或消灭，中国抗战的局面能拖到胜利么？我们的回答：要胜利，不是拖而是打！要胜利，不是消极的抗战而是积极的抗战！要胜利，不是国内的分裂而是国内的团结！要胜利，不是政治的压迫而是政治的民主。

（周恩来《在延安欢迎会上的演说》）

例①运用了对偶、引用、排比、拟人等辞格，强烈的鼓动性是显而易见的。例②运用了反问、排比、反复等辞格，气势雄浑有力，强烈地表现出作者坚持抗战、对胜利充满信心的精神气概。

二、逻辑性

政论语体是通过议论说理来概括生活、阐明事理的。要使人信服，就要做到逻辑性强。具体说来，就要概念明确，推理恰当，论证周密。刘勰在《文心雕龙·论说》里指出："原夫论之为体……其义贵圆通，辞忌枝碎；必使心与理合，弥缝莫见其隙，辞共心密，敌人不知所乘，斯其要也。"政论语体正是要通过对事实材料的透彻分析、论证来阐明观点，表明赞成什么或反对什么的。所以政论语体经常使用长句，借助较多的附加成分对所论述的问题加以限制、说明，使得论述非常周详、严密，富于逻辑性。例如：

毛泽东同志的重要著作，有许多是在新民主主义革命时期和社会主义改造时期写的，但仍然是我们必须经常学习的。这不但因为历史不能割断，如果不了解过去，就会妨碍我们对当前问题的了解；而且因为这些著作中包含的许多基本原理、原则和科学方法，是有普遍意义的，现在和今后对我们都具有重要的指导作用。因此，我们必须继续坚持毛泽东思想，认真学习和运用它的立场、观点和方法来研究实践中出现的新情况，解决新问题。

（《中国共产党中央委员会关于建国以来党的若干历史问题的决议》）

上例中为阐述必须经常学习毛泽东同志的重要著作这一观点，一个推理接着一个推理，一环扣一环，严密地组织了一个因果句群，逻辑论证十分周密。

三、综合性

政论语体的综合性指的是把逻辑论证和形象描绘融为一体。政论语体的作用是宣传鼓动，所以在严密论述的基础上，政论语体还要求语言富有感人的力量，它对各种不同性质词语的适应能力比较强。它常用人们熟悉的政治术语、经济术语、哲学术语，有时还吸收富有表现力的口语语汇、文言词语等。例如毛泽东同志在《别了，司徒雷登》一文中，除用“自由主义”“民主个人主义”“第五纵队”等术语名称之外，还巧妙地把“完蛋”“开小差”“挟起皮包走路”之类的口语语汇和“拍案而起”“如鸟兽散”“嗟来之食”之类的文言词语融合起来，增强了文章的生动性和感染力。由此，我们也可看出，为了把握论述问题的准确性，政论语体在使用政治术语的同时，要吸收不同的专门术语，但比科技语体吸收专门术语的数量要少得多；政论语体也运用形象的语言，但不像文艺语体那样是为了塑造艺术形象，而是为了生动有力地说明问题。例如：

> 但我所说的中国革命高潮快要到来，决不是如有些人所谓“有到来之可能”那样完全没有行动意义的、可望而不可即的一种空的东西。它是站在海岸遥望海中已经看得见桅杆尖头了的一只航船，它是立于高山之巅远看东方已见光芒四射喷薄欲出的一轮朝日，它是躁动于母腹中的快要成熟了的一个婴儿。
>
> （毛泽东《星星之火，可以燎原》）

上例中为了阐述革命高潮就要到来，连用几个比喻把这层意思具体化、形象化了，给人以极大的鼓舞和力量，也充分显示了政论语体的鼓动性、逻辑性、综合性这些显著特点。

第四节　文艺语体

文艺语体是通过语言来塑造艺术形象、反映社会生活的一种语体。文艺语体也叫文学语体或艺术语体，它主要运用形象思维，形象地再现生活。文艺语体的特点是描绘性的，而不是记叙性的。语言的准确性是它的基础，语言的鲜明性和生动性是它的基本要求，语言的艺术化则是它努力追求的目标。文艺语体适用于小说、散文、诗歌、戏剧等各种类型的文学作品。

一、文艺语体的语言特点

（一）形象性

文艺语体要求用具体可感的、能唤起人们思想感情的语言来反映现实。“一面形象地理解世界，一面又借助于形象向人解说世界”（艾青《诗论·形象》），文艺语体可以使抽象的意义实感化，使平面的东西立体化，使静态的物体动态化，使无知的事物情意化，使一般的东西典型化。讲究语言的形象性，是文艺语体区别于其他语体最重要的特征。所以在文艺语体中，大量运用具有形象色彩、表情色彩、描绘色彩的词语，能使人产生联想和想象，给人带来形象感。例如：

① 天气又阴晦了，冷风吹进船舱中，呜呜的响，从篷隙向外一望，苍黄的天底下，远近横着几个萧索的荒村，没有一些活气。我的心禁不住悲凉起来了。

（鲁迅《故乡》）

② 看

五千年的

白发，

几万里的

皱纹，

一夜东风

全吹尽！

（贺敬之《东风万里》）

③ 枝条一动也懒得动的，无精打采的低垂着，马路上一个水点也没有，干巴巴的发着些白光。便道上尘土飞起多高，与天上的灰气联接起来，结成一片毒恶的灰沙阵，烫着行人的脸。处处干燥，处处烫手，处处憋闷，整个的老城像烧透的砖窑，使人喘不出气。狗趴在地上吐出红舌头，骡马的鼻孔张得特别的大，小贩们不敢吆喝，柏油路化开；甚至于铺户门前的铜牌也好像要被晒化。

（老舍《骆驼祥子》）

例①中“阴晦”“呜呜”“苍黄”“横”“萧索”“荒村”“悲凉”等词语形象而又生动地描绘了乡村破败荒凉的景象，有力衬托了人物悲凉复杂的心境。例②用“五千年的白发”“几万里的皱纹”来表现古老中国历尽沧桑，用“一夜东风全吹尽”来表现中国的新生和巨大的变化，给人留下十分鲜明、深刻的印象，富有感人的艺术力量。例③不是抽象地说“热”，而是通过人们热得“喘不出气” “骡马的鼻孔张得特别的大”“狗趴在地上吐出红舌头”等一些动作和画面描绘出炎夏酷暑的情景，表现盛夏炎热异常。

文艺语体的形象性，还表现在它较多使用口语词和熟语，如谚语、成语、惯用语、歇后语以及方言土语，广泛并大量运用具有描绘性的辞格，如比喻、比拟、借代、夸张等，化抽象为形象，以增加语言的生活气息和形象性。例如：

④ 秦氏道：“婶婶，你是个脂粉队里的英雄，连那些

束带顶冠的男子也不能过你，你如何连两句俗语也不晓得？常言‘月满则亏，水满则溢’；又道是‘登高必跌重’。如今我们家赫赫扬扬，已将百载，一日倘或乐极悲生，若应了那句‘树倒猢狲散’的俗语，岂不虚称了一世的诗书旧族了！”

（曹雪芹《红楼梦》）

⑤ 一个奇迹就在这时诞生了。突然间从墨蓝色云霞矗起一道细细的抛物线，这线红得透亮，闪着金光，如同沸腾的溶液一下抛溅上去，然后像一支火箭一直向上冲，这时我才恍然大悟，原来这就是光明的白昼由夜空中迸射出来的一刹那。

（刘白羽《日出》）

例④中，秦可卿对凤姐说的“月满则亏，水满则溢”“登高必跌重”“树倒猢狲散”等，都形象地点出“赫赫扬扬”“已将百载”的贾府或摆脱不了衰亡的历史命运。《红楼梦》中，曹雪芹常常运用大量生动形象的民间谚语、惯用语，准确恰当地揭示出复杂现象的本质。例⑤运用绚丽的词语，长短交错的句式，形象可感的比拟、比喻、夸张，描绘黎明太阳光线射出地平线的景象，绘色绘形，栩栩如生。

（二）抒情性

文学作品是表现情感的艺术品，因而文学语言要感情充沛，真挚感人。语言的抒情性是文艺语体的另一个重要特点。文艺语体常常广泛运用各种抒情手段，像使用表达感情的词语，如“热爱”“憎恨”“讨厌”等，使用语气词，使用表感叹、疑问、祈使语气的句子，利用停顿、延长等语音因素，利用重叠、反复、倒装等强调手段，采用比喻、排比、对比、夸张、比拟等辞格，以达到充分抒发情感、引人共鸣的目的。例如：

⑥ 江水沉凝，青山肃立，
万木俯首，星月不移……

（李瑛《一月的哀思》）

⑦ 汉元帝（起立观画）啊，好一幅美人画！（默赏有间）……这是画的奔月的嫦娥？……是浣纱的西施？……是为云为雨的巫山神女？……啊，但是这又着的是时装，弹的是琵琶。（稍间）我想，我活了四十多年，不曾看见过这样美貌的女子！啊，但是，你们快些卷好，快些卷好，怕她要离去这个尘寰，飞回天界去了呢！龚宽，你知道吗？这到底是甚么人画的？这画的是甚么人？

（郭沫若《王昭君》）

⑧ 今年二月，我从海外回来，一脚踏进昆明，心都醉了。我是北方人，论季节，北方也许正是搅天风雪，水瘦山寒，云南的春天却脚步儿勤，来得快，到处早像催生婆似的在催动花事。

（杨朔《茶花赋》）

例⑥借助“江水沉凝”“星月不移”诗句描写肃穆的景象和气氛，又用拟人的修辞方式描述“青山”“万木”哀痛地“肃立”

“俯首”，充分地抒发了诗人悼念周总理的沉痛心情。例⑦开头用了一个感叹句，接着用了三个排比的疑问句，下来又是一个感叹句、三个疑问句，反映了汉元帝对王昭君美貌的惊异和急于想知道答案的迫切心理。例⑧通过拟人、对比、夸张、通感等辞格描绘云南春早的情景，写得生机勃勃、活灵活现，充满了喜悦、热爱、陶醉之情。

（三）艺术性

文艺语体的艺术性表现在两个方面：一是它追求平常词语的艺术化，就是把平常词语运用到某个特定的语言环境中，使之产生不平常的艺术效果；二是追求人物语言的个性化，通过人物的语言来表现其思想、身份、教养、经历和个性。例如：

⑨ 红杏枝头春意闹。

（宋祁《玉楼春》）

⑩ 但是河中眩晕着的灯光，纵横着的画舫，悠扬着的笛韵，夹着那吱吱的胡琴声，终于使我们认识绿如茵陈酒的秦淮水了。

（朱自清《桨声灯影里的秦淮河》）

⑪ 史湘云道：“他再不放人一点儿，专挑人的不好。你自己便比世人好，也不犯着见一个打趣一个。指出一个人来，你敢挑他，我就伏你。”黛玉忙问是谁。湘云道：“你敢挑宝姐姐的短处，就算你是好的。我算不如你，他怎么不及你呢。”黛玉听了，冷笑道：“我当是谁，

原来是他！我那里敢挑他呢。”宝玉不等说完，忙用话岔开。

（曹雪芹《红楼梦》）

例⑨的“闹”正如王国维所说：“‘红杏枝头春意闹’，著一‘闹’字而境界全出。”（《人间词话》）例⑩中的“纵横”“悠扬”都是形容词，临时用作动词，给画舫和笛声都增添了动态感。这两例都是用极平常的词语而赋予了它们新鲜的情调，使得常词见新，常语见奇，将寻常的词语艺术化了。例⑪中这段简短的对话里，不但正面描写了宝玉、黛玉、湘云，还侧面写了未出场的宝钗。通过湘云对宝钗、黛玉的评论，可看出湘云是“心直口快”的，而她的话又触动了黛玉的痛处，黛玉的话神情毕露地表现出她的“尖酸”；未出场的宝钗，从湘云话中可知她的为人“圆滑”；至于宝玉，虽没实写他的话语，但简略的一笔，便显露出他的“浑厚”以及对黛玉的真挚感情。这段文字显示了曹雪芹炉火纯青的驾驭语言、塑造形象的能力。离开了人物鲜明的个性化的语言，是难以成功地塑造这众多高度典型化的人物形象的。

二、文艺语体的分体

（一）散文体

散文可以分为叙事散文和抒情散文。叙事散文以记事写人为主，但带有抒情性，因此叙述句用得多一些，反问句、感叹句、长句用得较少。但叙事散文与小说相比较，还是以抒情为目的，常常是边叙事、边抒情。例如：

> ① 我试着往前凑，它跳一跳，可是又停住，看着我，小黑豆眼带出点要亲近我又不完全信任的神气。我想到了：这是个熟鸟，也许是自幼便养在笼中的，所以它不十分怕人。可是它的左翅也许是被养着它的或别个孩子给扯坏，所以它爱人，又不完全信任。想到这个，我忽然的很难过。一个飞禽失去翅膀是多么可怜。这个小鸟离了人恐怕不会活，可是人又那么狠心，伤了它的翎羽。它被人毁坏了，而还想依靠人，多么可怜！
>
> （老舍《小麻雀》）

这段话基本没有运用什么修辞手法，只是用接近口语的叙述，在细致描写小麻雀神态的基础上，抒发了自己的感情，体现了叙事散文的特色。抒情散文则是以一定事物为对象，侧重抒发感情，运用色彩词比较多；感叹句、设问句、描写句以及修饰成分较多的长句、复句用得多一些；比喻、拟人、排比等修辞手法也用得较多。比如在《白杨礼赞》中，有一段作者连用四个“难道”表示反问，构成排比句式，表达了作者对白杨的强烈赞美之情：

> ② 难道你觉得树只是树，难道你就不想到它的朴质，严肃，坚强不屈，至少也象征了北方的农民；难道你竟一点也不联想到，在敌后的广大土地上，到处有坚强不

屈，就像这白杨树一样傲然挺立的守卫他们家乡的哨兵！难道你又不更远一点想到这样枝枝叶叶靠紧团结，力求上进的白杨树，宛然象征了今天在华北平原纵横决荡用血写出新中国历史的那种精神和意志。

（茅盾《白杨礼赞》）

（二）小说体

小说是以刻画人物形象为主的。一般通过较为完整的故事和具体环境描写来反映现实生活。小说用语范围广，口语词、书面语词、方言词、外来词、专门术语等，只要能满足人物、情节、反映的时代、环境的需要，都可以选用。出现的句式也各种各样。为了使描写的人物生动、形象，小说体要求作品中人物语言具有个性化、角色化。例如：

③ 他站住了，脸上现出欢喜和凄凉的神情；动着嘴唇，却没有作声。他的态度终于恭敬起来了，分明的叫道："老爷！……"……我问问他的景况，他只是摇头。"非常难。第六个孩子也会帮忙了，却总是吃不够……"

（鲁迅《故乡》）

"欢喜""凄凉""神情""动着""没有作声""态度""恭敬""老爷""景况""非常难"都是通用词语，但却深刻揭露了封建社会势力、森严的等级观念给他的灵魂带来的严重摧残，并描绘出了艰难困苦的生活景况。

（三）戏剧体

戏剧，由于其表演形式主要是通过人物对话展开，所以剧中人物对话口语词多，短句多，但用语规范、严谨。因为它是一种文学创作，在描写人物所处的环境、地点等的语言中多用书面语词，也可用一些描写句、长句等。例如：

④ 楚怀王：你们把那沙锅盖子给他摘下，把那拨火棍子给他拔掉！（另卫士二人扯去屈原之切云冠，解去其长剑。）

（郭沫若《屈原》）

楚怀王的话里用的多是口语词，能表达出他对屈原的贬斥、凌辱的态度，说明语里用书面语词，恢复事物的原名，表达了作者对屈原的尊敬之情。

（四）诗歌体

诗歌，在语音形式上，追求语言的音乐美，讲究合辙押韵。韵脚的选用与诗人的风格、诗歌的内容有关。一般来说，开口度大的元音发音响亮，带有这种元音的韵脚常常用来表达豪放、悲壮的风格，如江阳辙、中东辙的 ang、iang、eng、ong 等；开口度小的元音，发音声音小而压抑，因此一般带有这种元音的韵脚常表示含蓄、哀伤的风格，如油求辙、一七辙、灰堆辙的 ou、iu、i、ui 等。例如：

⑤ 北国风光，
千里冰封，
万里雪飘。
望长城内外，
惟余莽莽，
大河上下，
顿失滔滔……

（毛泽东《沁园春·雪》）

⑥ 灵车队，万众心相随，哭别总理心欲碎，八亿神州泪纷飞。

（《敬爱的周恩来总理永垂不朽》纪录片解说词）

例⑤抒发的是歌颂祖国河山和主宰江山的豪情壮志，选用了江阳辙；例⑥描写万众哭别总理、哀思潮涌的悲痛场面，选用了灰堆辙。

随着社会的发展，人们的交际方式日趋复杂，由于表情达意的需要，多种语体之间相互影响、相互渗透，形成了语体的交叉现象。语体交叉是一种语体与另一种语体渗透融合而产生的一种言语表达的新形式。徐迟的报告文学《哥德巴赫猜想》引述了不少数学符号和公式，形成了文艺语体和科技语体的交叉渗透，渲染了气氛，使读者通过这些符号和公式，对哥德巴赫猜想产生一种直观认识，从而生发出联想，体会到主人公陈景润摘取数学皇冠上的明珠是多么的不易，这样便达到了深化文章主题的目的。又如：

⑦ 看他那意思，如果我们国家得了足球世界冠军，他能飞起来！现在都蹦得这么高了嘛，尽管我不赞成他那股狂热劲，有时候把帽子抛起来，但对足球的希望就是对祖国的希望啊！我们找到了共同点，我们共振了。

（姜昆《理想纵横谈》演讲词）

⑧ 夏天近了，将有三虫：蚤，蚊，蝇。

假如有谁提出一个问题，问我三者之中，最爱什么，而且非爱一个不可，又不准像“青年必读书”那样的缴白卷的。我便只得回答道：跳蚤。

跳蚤的来吮血，虽然可恶，而一声不响地就是一口，何等直截爽快。蚊子便不然了，一针叮进皮肤，自然还可以算得有点彻底的，但当未叮之前，要哼哼地发一篇大议论，却使人觉得讨厌。如果所哼的是在说明人血应该给它充饥的理由，那可更其讨厌了。幸而我不懂。

…………

苍蝇嗡嗡地闹了大半天，停下来也不过舐一点油汗，倘有伤痕或疮疖，自然更占一些便宜；无论怎么好的，美的，干净的东西，又总喜欢一律拉上一点蝇矢。但因为只舐一点油汗，只添一点腌臜，在麻木的人们还没有切肤之痛，所以也就将它放过了。中国人还不很知道它能够传播病菌，捕蝇运动大概不见得兴盛。它们的运命是长久的；还要更繁殖。

但它在好的，美的，干净的东西上拉了蝇矢之后，似乎还不至于欣欣然反过来嘲笑这东西的不洁：总要算还有一点道德的。

古今君子，每以禽兽斥人，殊不知便是昆虫，值得师法的地方也多着哪。

四月四日

（鲁迅《夏三虫》）

例⑦是姜昆演讲的一段话，他提出“为青年服务，就要爱青年伙伴，注意发现他们身上的亮点”。在演讲体中掺入物理学术语“共振”来说明他与青年的共鸣之处，这是演讲语体和科技语体的交叉渗透，使语言形象曲折。例⑧鲁迅的杂文，是融文艺政论于一体、汇情理于其中的文艺政论语体。既吸收了政论语体以理服人的逻辑性特点，又汲取了文艺语体以情感人的形象性特点。这两种特点是逻辑思维与形象思维的有机结合。这样的结合不是块块并列或重叠，而是以逻辑论证为经、以形象（画面）为纬的纵横交织，它是政论语体和文艺语体的交叉融合。常见的语体交叉有文艺与科技语体交叉、文艺与政论语体交叉两种。然而我们不能因为语体交叉而抹杀各种语体的不同语言特点。假如使用语言的时候，忽视了语体之间相适应这个原则，就必然出现语体格调不统一、不和谐的弊病，就难以取得预想的表达效果。

参考文献

博克，等，1998．当代西方修辞学：演讲与话语批评［M］．常昌富，顾宝桐，译．北京：中国社会科学出版社．

曹聪孙，1990．行为语言趣谈［M］．成都：四川教育出版社．

陈汝东，2004．当代汉语修辞学［M］．北京：北京大学出版社．

陈望道，1976．修辞学发凡［M］．上海：上海人民出版社．

崔应贤，李玉生，1994．公关 言语 交际［M］．郑州：河南人民出版社．

董季棠，1992．修辞析论［M］．台北：文史哲出版社．

格沃兹节夫，1959．俄语修辞学概论［M］．向明，赵禹，译．北京：商务印书馆．

韩敬体，1994．从“山上有匪”说起：语文应用漫话［M］．北京：商务印书馆国际有限公司．

胡明扬，1988．西方语言学名著选读［M］．北京：中国人民大学出版社．

兰宾汉，邢向东，2007．现代汉语［M］．北京：中华书局．

黎运汉，张维耿，1986．现代汉语修辞学［M］．香港：商务印书馆．

黎运汉，1990．汉语风格探索［M］．北京：商务印书馆．

黎运汉，李剑云，1992．秦牧作品语言艺术［M］．南宁：广西教育出版社．

黎运汉，盛永生，2009．汉语语体修辞［M］．广州：暨南大学出版社．

梁福军，2018．科技语体语法与修辞［M］．北京：清华大学出版社．

刘凤玲，戴仲平，2002．社会语用艺术［M］．广州：暨南大学出版社．
刘焕辉，1995．修辞学探新［M］．香港：文化教育出版社有限公司．
刘继超，周志远，曹春霞，1990．当代汉语新词词典［M］．西安：陕西人民出版社．
刘继超，高月丽，2002．修辞的艺术［M］．北京：石油工业出版社．
刘艳春，2007．语言交际概论［M］．北京：北京大学出版社．
骆小所，1994．现代修辞学［M］．昆明：云南人民出版社．
马晓明，2015．英语修辞模式及比较研究［M］．北京：科学技术文献出版社．
倪宝元，1994．大学修辞［M］．上海：上海教育出版社．
年玉萍，2011．信息处理与现代汉语问题探索［M］．西安：陕西人民出版社．
秦牧，1983．语林采英［M］．广州：花城出版社．
沈谦，1990．文心雕龙与现代修辞学［M］．东莞：益智书局．
斯托克威尔 R P，1986．句法理论基础［M］．吕叔湘，黄国营，译．武汉：华中工学院出版社．
谭永祥，1992．汉语修辞美学［M］．北京：北京语言学院出版社．
汤振常，1905．修词学教科书［M］．上海：丌明书店．
王德春，陈晨，2001．现代修辞学［M］．上海：上海外语教育出版社．
王希杰，1983．汉语修辞学［M］．北京：北京出版社．
王焱，魏芳，2018．现代实用文体的写作与修辞探究［M］．北京：中国纺织出版社．
王一川，1994．语言乌托邦［M］．昆明：云南人民出版社．
王易，1930．修词学通诠［M］．上海：神州国光社．
吴士文，1982．修辞讲话［M］．兰州：甘肃人民出版社．
夏中华，1995．教师口语［M］．沈阳：辽宁大学出版社．

夏中华，2007. 语言·语言教学论稿［M］. 沈阳：辽宁人民出版社.
杨琳，1996. 汉语词汇与华夏文化［M］. 北京：语文出版社.
姚亚平，1996. 当代中国修辞学［M］. 广州：广东教育出版社.
袁晖，2000. 二十世纪的汉语修辞学［M］. 太原：书海出版社.
袁晖，李熙宗，2005. 汉语语体概论［M］. 北京：商务印书馆.
曾毅平，刘凤玲，2000. 修辞·语体·风格［M］. 香港：文化教育出版社有限公司.
曾毅平，2005. 修辞与社会语用论稿［M］. 北京：中国社会科学出版社.
张弓，1993. 现代汉语修辞学［M］. 石家庄：河北教育出版社.
张向群，1995. 量词修辞审美论［M］. 西安：陕西人民教育出版社.
张政飚，兰宾汉，韩宝育，1991. 修辞小词典［M］. 西安：陕西人民出版社.
张志公，1982. 修辞概要［M］. 上海：上海教育出版社.
赵克诚，刘建国，1993. 语法、修辞与逻辑［M］. 西安：陕西师范大学出版社.
郑远汉，2004. 修辞风格研究［M］. 北京：商务印书馆.
郑子瑜，宗廷虎，1998. 中国修辞学通史［M］. 长春：吉林教育出版社.
中国修辞学会，1984. 修辞学论文集［C］. 第二集. 福州：福建人民出版社.